BUIH DAN GIGITAN: BUKU MASALAH PROSECCO MUKTAMAD

Tingkatkan Pengalaman Masakan Anda dengan 100 Hidangan yang Diselitkan Prosecco

John Sivanesan

hak cipta bahan ©2024

Semuanya Hak Terpelihara

Tidak pesta daripada ini buku mungkin berdoa digunakan atau dihantar dalam mana-mana bentuk atau bandar mana-mana bermakna tanpa yang betul bertulis persetujuan daripada yang penerbit semangat hak cipta pemilik, kecuali untuk ringkas petikan digunakan dalam a semakan. ini buku sepatutnya Nota berdoa dipertimbangkan a pengganti untuk perubatan, undang-undang, atau lain profesional nasihat.

ISI KANDUNGAN

ISI KANDUNGAN..3
PENGENALAN..7
SARAPAN & BRUNCH..9
1. Pancake Prosecco..10
2. Salad Buah Prosecco...12
3. Roti Bakar Perancis Prosecco...14
4. Prosecco Yoghurt Parfait...16
5. Prosecco Berry Crepes..18
6. Prosecco Sarapan Quinoa...21
7. Wafel Prosecco..23
8. Tumpukan Pancake Prosecco Mini................................25
9. Donat Prosecco Bakar..28
10. Roti Prosecco..31
11. Roti Bakar Perancis Prosecco......................................34
12. Oat Semalaman Prosecco...36
13. Cawan Telur Prosecco..38
14. Prosecco scone...40
15. Prosecco Sarapan Quiche..43
KUDAPAN...45
16. Bruschetta dengan pengurangan Prosecco.................46
17. Zaitun Perap Prosecco..48
18. Lidi Udang Prosecco...50
19. Cendawan Sumbat Keju Kambing................................52
20. Prosecco Ceviche..54
21. Pear Rebus Prosecco..56
22. Lidi Buah Prosecco...58
23. Prosecco Popcorn...60
24. Prosecco Guacamole..62
25. Prosecco Bruschetta...64
26. Strawberi Sumbat Prosecco...66

27. Gigitan Timun Prosecco..68
28. Campuran Jejak Prosecco..70
29. Gigitan Tenaga Prosecco..72
HIDANGAN UTAMA..74
30. Prosecco Risotto dengan Udang....................................75
31. Prosecco Chicken Piccata...78
32. Salmon dengan biji panggang dan prosecco................81
33. Pasta Bolognese Prosecco..84
34. Risotto Cendawan Prosecco...87
35. Ayam dengan Pomodoro dan Sos Prosecco................90
36. Tulang Rusuk Pendek Daging Lembu Rebus Prosecco 93
37. Ayam Bakar Perap Prosecco..96
PENJERAHAN..98
38. Kek Prosecco...99
39. Fondue Keju Prosecco..103
40. Prosecco Granita..105
41. Peach dan Prosecco Pavlova.....................................107
42. Panna cotta champagne dengan beri.......................109
43. Strawberi Champagne Sorbet....................................112
44. Strawberi & Prosecco Pate de Fruit..........................114
45. Anggur Vodka Prosecco...117
46. Madu yang diselitkan Prosecco..................................119
47. Prosecco merah jambu beruang bergetah p.............121
48. Salad buah mimosa..123
49. Prosecco Macarons..125
50. Ais Krim Prosecco..129
51. Salad buah Prosecco..132
52. Cranberry -Kek Sarapan Prosecco............................134
53. Kek Prosecco Klasik...137
54. Kek cawan Prosecco..142
55. Kek Prosecco Oren Darah...145
56. Prosecco Mousse...148
57. Bar Kek Keju Prosecco...150
58. Kek Gulung Prosecco...153
59. Popsikel Prosecco..157

60. Prosecco Granita..159
61. Pic dan Beri di Prosecco......................................162
62. Pear Rebus Prosecco..164
63. Prosecco Berry Parfait..166
64. Prosecco dan Jeli Raspberi.................................168
65. Prosecco dan Lemon Posset..............................170
66. Tiramisu Prosecco..172
PERUBAHAN..174
67. Prosecco dan Peach Salsa.................................175
68. Jeli Prosecco..177
69. Mustard Prosecco..179
70. Mentega Prosecco..181
71. Prosecco Lemon Curd..183
72. Prosecco Aioli...186
73. Mustard Madu Prosecco....................................188
74. Mentega Herba Prosecco..................................190
75. Prosecco Salsa Verde..192
KOKTEL..194
76. Aperol Spritz..195
77. Prosecco dan Jus Oren Mimosas......................197
78. Hibiscus Spritz...199
79. Champagne Mules..201
80. Hugo..203
81. Prosecco Mojito...205
82. Sgroppino..207
83. Prosecco Bellini...209
84. Prosecco Margarita...211
85. Prosecco Halia Fizz...213
86. Prosecco Perancis 75..215
87. Pukulan Delima Prosecco.................................217
88. Koktel Ruby dan Rosemary Prosecco...............219
89. Prosecco Elderflower Cocktail..........................222
90. Koktel Grapefruit Merah Jambu........................224
91. Prosecco Pineapple Sorbet Float......................226
92. Lemonade Raspberi Koktel...............................228

93. Sorbet Oren Koktel..230
94. Oren Darah Elderflower Koktel...............................232
95. Prosecco dan Jus Oren Koktel................................234
96. Buah Markisa Koktel..236
97. pic Koktel Prosecco..238
98. Nenas Koktel Prosecco...240
99. Prosecco Sangria..242
100. Strawberi Koktel Prosecco...................................244
KESIMPULAN...246

PENGENALAN

Selamat datang ke "BUIH DAN GIGITAN: BUKU MASALAH PROSECCO MUKTAMAD"! Dalam perjalanan kulinari ini, kami akan meneroka dunia Prosecco yang menarik dan serba boleh yang luar biasa di dapur. Prosecco, dengan buih-buih yang membara dan rasa yang bersemangat, membawakan sentuhan keanggunan dan kecanggihan kepada setiap hidangan yang dihidangkannya. Daripada sarapan pagi hingga snek, hidangan utama dan juga perasa, kami akan membuka kunci rahsia menggabungkan Prosecco ke dalam resipi kegemaran anda, membawa ciptaan masakan anda ke tahap yang lebih tinggi.

Dalam buku masakan ini, anda akan temui koleksi resipi yang dipilih susun dengan teliti yang mempamerkan ciri unik Prosecco dan menyerlahkan keupayaannya untuk meningkatkan pelbagai perisa. Setiap resipi direka dengan ketepatan, menyediakan ukuran ramuan terperinci dan arahan langkah demi langkah untuk memastikan kejayaan anda di dapur. Sama ada anda menganjurkan majlis istimewa atau sekadar ingin menambahkan sentuhan kilauan pada hidangan harian anda, buku masakan ini akan memberi inspirasi kepada anda untuk meneroka dunia hidangan yang diselitkan Prosecco yang indah.

Jadi dapatkan sebotol Prosecco kegemaran anda, pakai apron anda dan bersiap sedia untuk memulakan pengembaraan masakan yang akan menggoda selera anda dan menarik perhatian tetamu anda. Daripada koktel sarapan lewat pagi hingga makan malam gourmet, kemungkinannya tidak berkesudahan apabila melibatkan ciptaan yang diselitkan Prosecco. Mari kita cetuskan gabus dan selami dunia "BUIH DAN GIGITAN: BUKU MASALAH PROSECCO MUKTAMAD"!

SARAPAN & BRUNCH

1. Pancake Prosecco

BAHAN-BAHAN:
- 1 cawan tepung serba guna
- 1 sudu besar gula
- 1 sudu teh serbuk penaik
- ¼ sudu teh garam
- 1 cawan Prosecco
- ¼ cawan susu
- 1 biji telur
- 2 sudu besar mentega cair

ARAHAN:
a) Dalam mangkuk adunan besar, pukul bersama tepung, gula, serbuk penaik, dan garam.

b) Dalam mangkuk yang berasingan, satukan Prosecco, susu, telur dan mentega cair. Gaul sebati.

c) Tuangkan bahan basah ke dalam bahan kering dan kacau sehingga sebati. Jangan campurkan secara berlebihan; beberapa ketul okey.

d) Panaskan kuali tidak melekat atau griddle di atas api sederhana dan gris sedikit dengan mentega atau semburan masak.

e) Tuangkan ¼ cawan adunan ke atas kuali untuk setiap lempeng.

f) Masak sehingga timbul buih di permukaan, kemudian balik-balikkan dan masak sebelah lagi sehingga perang keemasan.

g) Hidangkan penkek Prosecco dengan topping kegemaran anda seperti beri segar, krim putar atau sirap maple.

2. Salad Buah Prosecco

BAHAN-BAHAN:
- 2 cawan campuran buah-buahan segar (seperti strawberi, beri biru, raspberi, dan pic yang dihiris)
- ½ cawan Prosecco
- 1 sudu besar madu
- Daun pudina segar untuk hiasan

ARAHAN:
a) Dalam mangkuk besar, gabungkan buah-buahan segar yang dicampur.

b) Dalam mangkuk yang berasingan, pukul bersama Prosecco dan madu sehingga sebati.

c) Tuangkan campuran Prosecco ke atas buah dan perlahan-lahan toskan hingga bersalut.

d) Biarkan salad buah selama kira-kira 10 minit untuk membolehkan rasa bercampur.

e) Hiaskan dengan daun pudina segar dan hidangkan sejuk.

3. Roti Bakar Perancis Prosecco

BAHAN-BAHAN:
- 4 keping roti (seperti brioche atau roti Perancis)
- $\frac{3}{4}$ cawan Prosecco
- $\frac{1}{4}$ cawan susu
- 2 biji telur
- 1 sudu besar gula
- $\frac{1}{2}$ sudu teh ekstrak vanila
- Mentega untuk memasak
- Gula tepung untuk habuk (pilihan)
- Beri segar untuk dihidangkan (pilihan)

ARAHAN:
a) Dalam hidangan cetek, pukul bersama Prosecco, susu, telur, gula, dan ekstrak vanila.

b) Panaskan kuali atau kuali tidak melekat di atas api sederhana dan cairkan sedikit mentega.

c) Celupkan setiap keping roti ke dalam campuran Prosecco, biarkan ia meresap selama beberapa saat pada setiap sisi.

d) Letakkan roti yang telah direndam di atas kuali dan masak sehingga perang keemasan pada setiap sisi, kira-kira 2-3 minit setiap sisi.

e) Ulangi dengan kepingan roti yang tinggal, tambah lebih banyak mentega mengikut keperluan.

f) Taburkan roti bakar Perancis Prosecco dengan gula tepung jika dikehendaki dan hidangkan dengan beri segar.

4. Prosecco Yoghurt Parfait

BAHAN-BAHAN:
- 1 cawan yogurt Yunani
- 2 sudu besar madu
- $\frac{1}{2}$ sudu teh ekstrak vanila
- 1 cawan granola
- 1 cawan campuran beri segar
- $\frac{1}{4}$ cawan Prosecco

ARAHAN:
a) Dalam mangkuk kecil, pukul bersama yogurt Yunani, madu, dan ekstrak vanila sehingga licin.

b) Dalam menghidangkan gelas atau mangkuk, sapukan campuran yogurt Yunani, granola, beri segar dan sedikit Prosecco.

c) Ulangi lapisan sehingga bahan digunakan, diakhiri dengan sedikit yogurt Yunani dan taburan granola di atasnya.

d) Hidangkan segera sebagai parfait yogurt yang diselitkan Prosecco yang menarik.

5. Prosecco Berry Crepes

BAHAN-BAHAN:
UNTUK CREPES:
- 1 cawan tepung serba guna
- 2 biji telur
- ½ cawan susu
- ½ cawan Prosecco
- 1 sudu besar gula
- ¼ sudu teh garam
- Mentega untuk memasak

UNTUK PENGISIAN:
- 1 cawan campuran beri segar
- ¼ cawan Prosecco
- 2 sudu besar gula halus

ARAHAN:
a) Dalam pengisar, satukan tepung, telur, susu, Prosecco, gula dan garam. Kisar hingga sebati.
b) Panaskan kuali tidak melekat atau kuali krep di atas api sederhana dan sapu sedikit mentega.
c) Tuangkan ¼ cawan adunan krep ke dalam kuali, pusing-pusing untuk membentuk lapisan nipis dan sekata.
d) Masak crepe selama kira-kira 2 minit, sehingga bahagian tepi mula terangkat dan bahagian bawah berwarna keemasan sedikit. Balikkan dan masak bahagian lain selama satu minit lagi.
e) Ulangi dengan baki adunan, sapukan kuali dengan mentega mengikut keperluan.
f) Dalam periuk kecil, panaskan beri segar campuran, Prosecco, dan gula tepung dengan api perlahan sehingga beri mengeluarkan jusnya dan adunan sedikit pekat.

g) Sudukan inti beri pada setiap krep dan lipat menjadi segi tiga atau gulungkannya.

h) Hidangkan krep beri Prosecco hangat dengan taburan gula tepung tambahan jika dikehendaki.

6. Prosecco Sarapan Quinoa

BAHAN-BAHAN:
- 1 cawan quinoa
- 2 cawan Prosecco
- 1 cawan susu
- 2 sudu besar madu
- ½ sudu teh ekstrak vanila
- Beri segar dan kacang cincang untuk topping

ARAHAN:
a) Bilas quinoa di bawah air sejuk sehingga airnya jernih.
b) Dalam periuk, masak Prosecco sehingga mendidih. Masukkan quinoa yang telah dibilas dan kecilkan api kepada perlahan.
c) Tutup periuk dan reneh selama kira-kira 15-20 minit sehingga quinoa lembut dan Prosecco diserap.
d) Dalam periuk berasingan, panaskan susu, madu, dan ekstrak vanila sehingga panas.
e) Setelah quinoa masak, tuangkan adunan susu ke atasnya dan kacau hingga sebati.
f) Hidangkan quinoa sarapan Prosecco dalam mangkuk dan atasnya dengan beri segar dan kacang cincang.

7. Wafel Prosecco

BAHAN-BAHAN:
- 2 cawan tepung serba guna
- 2 sudu besar gula pasir
- 1 sudu besar serbuk penaik
- $\frac{1}{2}$ sudu teh garam
- 2 biji telur besar
- $1\frac{3}{4}$ cawan jus oren
- $\frac{1}{4}$ cawan mentega tanpa garam, cair
- $\frac{1}{4}$ cawan Prosecco
- Serbuk 1 oren

ARAHAN:
a) Dalam mangkuk adunan, pukul bersama tepung, gula, serbuk penaik dan garam.

b) Dalam mangkuk yang berasingan, pukul telur. Masukkan jus oren, mentega cair, Prosecco, dan kulit oren. Pukul sehingga sebati.

c) Tuangkan bahan basah ke dalam bahan kering dan kacau sehingga sebati.

d) Panaskan seterika wafel anda dan griskan sedikit.

e) Tuangkan adunan ke atas seterika wafel yang telah dipanaskan dan masak mengikut arahan pengeluar.

f) Hidangkan wafel Prosecco dengan taburan gula tepung dan bahagian hirisan oren segar.

8. Tumpukan Pancake Prosecco Mini

BAHAN-BAHAN:
PANKEK:
- 2 cawan Bisquick Campuran pancake & wafel lengkap
- ⅔ cawan jus oren segar
- ⅔ cawan air

KRIM Prosecco:
- ½ cawan keju mascarpone
- Kulit parut 1 oren sederhana
- 5 sudu besar gula halus
- ½ cawan Prosecco
- ⅓ cawan krim putar

Topping:
- 4 hingga 6 sudu besar marmalade oren
- Kulit oren untuk hiasan

ARAHAN:
a) Panaskan griddle atau kuali di atas api sederhana tinggi (375°F) dan sapu dengan minyak sayuran.

b) Dalam mangkuk sederhana, pukul bahan penkek dengan pukul. Gunakan sudu besar atau sudu kecil aiskrim untuk menuang adunan ke atas griddle panas, membentuk bulatan pancake mini. Masak sehingga pecah buih di permukaan, kemudian balik-balikkan dan masak sehingga perang keemasan. Pindahkan penkek ke rak penyejuk.

c) Dalam mangkuk kecil, pukul keju mascarpone, kulit oren, dan gula tepung dengan pengadun elektrik pada kelajuan sederhana sehingga dipukul dengan baik. Kurangkan kepada kelajuan rendah dan pukul perlahan-lahan dalam Prosecco sehingga licin. Dalam mangkuk kecil yang lain, pukul krim putar pada kelajuan tinggi sehingga membentuk puncak kaku. Menggunakan spatula, perlahan-lahan lipat krim putar ke dalam campuran mascarpone.

d) Untuk memasang timbunan pancake, letakkan satu pancake mini di atas pinggan atau pinggan hidangan. Sapukan marmalade oren di atas pancake. Ulangi dengan dua lagi pancake dan marmalade. Teratas dengan krim Prosecco dan hiaskan dengan kulit oren.

9. Donat Prosecco Bakar

BAHAN-BAHAN:
DONAT:
- 3 cawan tepung
- 2 sudu teh serbuk penaik
- ½ sudu teh garam laut
- 4 biji telur
- ¾ cawan mentega cair
- 1 cawan gula
- ½ cawan Prosecco
- 1 sudu teh ekstrak vanila
- Perahan dan jus 2 oren pusat besar

GLAZE:
- 6 sudu besar Prosecco
- 2 cawan gula tepung yang diayak
- Serbuk 1 oren

ARAHAN:
a) Panaskan ketuhar hingga 350 darjah Fahrenheit (175 darjah Celsius). Lumurkan loyang donut.
b) Dalam mangkuk besar, campurkan tepung, serbuk penaik, garam laut, dan kulit oren.
c) Dalam mangkuk lain, pukul bersama gula, telur, Prosecco, jus oren, mentega cair, dan ekstrak vanila.
d) Masukkan bahan basah ke dalam bahan kering dan kacau sehingga adunan sebati dan tiada poket kering yang tinggal.
e) Pindahkan adunan ke dalam beg pastri atau beg ziplock dengan satu sudut dipotong. Paipkan adunan ke dalam loyang donat yang telah disediakan.
f) Bakar donat selama kira-kira 15 minit atau sehingga bahagian atasnya padat apabila disentuh. Bahagian atasnya tidak boleh berwarna coklat. Anda boleh menyemak

bahagian bawah satu donat untuk melihat sama ada ia telah keperangan.

g) Keluarkan donat dari kuali dan biarkan ia sejuk ke suhu bilik.

h) Sementara itu, sediakan sayu dengan mencampurkan Prosecco, gula tepung yang diayak dan kulit oren.

i) Setelah donat telah sejuk, celupkan setiap satu ke dalam sayu. Biarkan sayu mengeras dan kemudian celupkan donut sekali lagi untuk sayu berganda.

j) Nikmati Donat Prosecco Bakar yang menarik ini, berperisa dengan jus oren segar, semangat dan Prosecco yang berbuih! Mereka membuat hidangan yang sempurna untuk pencuci mulut atau hidangan sarapan pagi yang istimewa.

10. Roti Prosecco

BAHAN-BAHAN:
- 2 cawan tepung
- 2 sudu teh baking soda
- ½ sudu teh garam
- 2 biji telur
- ¼ cawan mentega cair
- 1 cawan gula
- ½ cawan Prosecco
- ⅓ cawan krim masam
- ¼ cawan jus oren
- 1 sudu besar kulit oren
- aising:
- ½ cawan gula tepung
- ½ - 1 sudu besar Prosecco
- ½ sudu besar kulit oren

ARAHAN:
a) Panaskan ketuhar hingga 350 darjah F (175 darjah C) dan griskan loyang roti.

b) Dalam mangkuk kecil, campurkan tepung, soda penaik, dan garam. Mengetepikan.

c) Dalam mangkuk adunan besar, pukul bersama telur, mentega cair dan gula. Masukkan Prosecco, krim masam, jus oren, dan kulit oren.

d) Perlahan-lahan masukkan bahan kering ke dalam bahan basah dan gaul sehingga sebati.

e) Pindahkan adunan ke dalam loyang yang telah disediakan dan bakar selama 55-60 minit atau sehingga pencungkil gigi yang dimasukkan ke dalam bahagian tengah keluar bersih.

f) Biarkan roti sejuk sepenuhnya sebelum aising.

g) Dalam mangkuk kecil, campurkan semua bahan aising sehingga rata. Siramkan aising di atas roti yang telah disejukkan.

h) Nikmati Roti Prosecco yang menarik ini, diselitkan dengan perisa Prosecco dan kulit oren! Ia adalah hidangan yang sempurna untuk sarapan tengah hari, sarapan pagi atau bila-bila masa anda mengidamkan roti lembap dan sitrus yang lazat.

11. Roti Bakar Perancis Prosecco

BAHAN-BAHAN:
- 6 keping roti tebal (cth, brioche atau challah)
- 4 biji telur besar
- $\frac{1}{2}$ cawan jus oren
- $\frac{1}{4}$ cawan Prosecco
- $\frac{1}{4}$ cawan susu
- 1 sudu besar kulit oren
- $\frac{1}{2}$ sudu teh ekstrak vanila
- Mentega untuk menggoreng
- Gula serbuk untuk habuk
- Beri segar untuk topping
- Sirap maple untuk hidangan

ARAHAN:
a) Dalam hidangan cetek, pukul bersama telur, jus oren, Prosecco, susu, kulit oren, dan ekstrak vanila.

b) Celupkan setiap keping roti ke dalam adunan, biarkan ia meresap selama beberapa saat pada setiap sisi.

c) Panaskan kuali besar di atas api sederhana dan masukkan sedikit mentega untuk menyalut kuali.

d) Masak hirisan roti yang telah direndam sehingga perang keemasan dan garing di kedua-dua belah.

e) Pindahkan roti bakar Perancis ke pinggan hidangan, taburkan dengan gula tepung, dan atas dengan beri segar.

f) Hidangkan dengan sirap maple di sebelah.

12. Oat Semalaman Prosecco

BAHAN-BAHAN:

- 1 cawan oat gulung
- 1 cawan jus oren
- ½ cawan yogurt Yunani
- ¼ cawan Prosecco
- 1 sudu besar madu
- 1 sudu kecil kulit oren
- Buah-buahan segar yang dihiris untuk hiasan (oak, oren, beri)
- Badam bakar atau walnut untuk rangup (pilihan)

ARAHAN:

a) Dalam mangkuk, satukan oat gulung, jus oren, yogurt Yunani, Prosecco, madu dan kulit oren.

b) Kacau rata untuk pastikan semua bahan sebati.

c) Tutup mangkuk dengan bungkus plastik atau penutup dan sejukkan semalaman.

d) Pada waktu pagi, kacau oat dan tambahkan percikan jus oren atau yogurt jika perlu untuk menyesuaikan konsistensi.

e) Teratas dengan hirisan buah segar dan kacang panggang jika mahu.

13. Cawan Telur Prosecco

BAHAN-BAHAN:
- 6 keping daging masak
- 6 biji telur besar
- ¼ cawan jus oren
- ¼ cawan Prosecco
- Garam dan lada sulah secukup rasa
- Daun kucai segar untuk hiasan

ARAHAN:

a) Panaskan ketuhar anda kepada 375°F (190°C). Griskan loyang muffin atau gunakan cawan muffin silikon.

b) Lapik setiap cawan dengan sekeping bacon yang dimasak, membentuk bulatan.

c) Dalam mangkuk kecil, pukul bersama telur, jus oren, Prosecco, garam dan lada sulah.

d) Tuangkan adunan telur ke dalam setiap cawan yang dilapisi bacon, isikan kira-kira ⅔ penuh.

e) Bakar dalam ketuhar yang telah dipanaskan selama 15-18 minit atau sehingga telur ditetapkan.

f) Keluarkan cawan telur dari ketuhar, biarkan ia sejuk sedikit, dan hiaskan dengan daun kucai segar.

14. Prosecco scone

BAHAN-BAHAN:
- 2 cawan tepung serba guna
- $\frac{1}{4}$ cawan gula pasir
- 1 sudu besar serbuk penaik
- $\frac{1}{2}$ sudu teh garam
- $\frac{1}{2}$ cawan mentega tanpa garam sejuk, potong kiub kecil
- $\frac{1}{4}$ cawan krim berat
- $\frac{1}{4}$ cawan jus oren
- $\frac{1}{4}$ cawan Prosecco
- 1 sudu kecil kulit oren
- $\frac{1}{2}$ cawan cranberry kering atau kismis emas (pilihan)
- 1 biji telur besar, dipukul (untuk cuci telur)
- Gula kasar untuk taburan

ARAHAN:
a) Panaskan ketuhar anda hingga 400°F (200°C). Lapik loyang dengan kertas parchment.

b) Dalam mangkuk besar, pukul bersama tepung, gula, serbuk penaik, dan garam.

c) Masukkan kiub mentega sejuk ke dalam bahan kering dan potong menggunakan pemotong pastri atau dua pisau sehingga adunan menyerupai serbuk kasar.

d) Dalam mangkuk yang berasingan, campurkan krim pekat, jus oren, Prosecco, dan kulit oren.

e) Tuangkan bahan basah ke dalam adunan kering dan kacau sehingga sebati. Masukkan cranberi kering atau kismis emas jika digunakan.

f) Pindahkan doh ke atas permukaan yang ditaburkan tepung dan tekapkan ke dalam bulatan setebal kira-kira 1 inci. Potong bulatan kepada 8 baji.

g) Letakkan scone pada lembaran pembakar yang disediakan, sapu bahagian atas dengan telur yang telah dipukul, dan taburkan dengan gula kasar.

h) Bakar dalam ketuhar yang telah dipanaskan selama 15-18 minit atau sehingga scone berwarna perang keemasan.

i) Biarkan scone sejuk sedikit sebelum dihidangkan.

15. Prosecco Sarapan Quiche

BAHAN-BAHAN:
- 1 kerak pai sedia untuk digunakan
- 4 biji telur besar
- $\frac{1}{2}$ cawan jus oren
- $\frac{1}{2}$ cawan Prosecco
- $\frac{1}{2}$ cawan krim berat
- $\frac{1}{2}$ cawan keju cheddar yang dicincang
- $\frac{1}{4}$ cawan daging masak dan hancur
- $\frac{1}{4}$ cawan bawang hijau dicincang
- Garam dan lada sulah secukup rasa
- Pasli segar untuk hiasan

ARAHAN:
a) Panaskan ketuhar anda kepada 375°F (190°C).

b) Canai kerak pai dan letakkan ke dalam hidangan pai 9 inci. Kelim tepi seperti yang dikehendaki.

c) Dalam mangkuk, pukul bersama telur, jus oren, dan Prosecco sehingga sebati.

d) Masukkan krim pekat, keju cheddar yang dicincang, daging hancur, bawang hijau cincang, garam dan lada sulah. Kacau hingga sebati.

e) Tuangkan adunan telur ke dalam kerak pai yang telah disediakan.

f) Bakar quiche dalam ketuhar yang telah dipanaskan selama 30-35 minit atau sehingga bahagian tengah ditetapkan dan bahagian atas berwarna perang keemasan.

g) Keluarkan quiche dari ketuhar dan biarkan ia sejuk selama beberapa minit sebelum dihiris.

h) Hiaskan dengan pasli segar dan hidangkan hangat.

KUDAPAN

16. Bruschetta dengan pengurangan Prosecco

BAHAN-BAHAN:
- Baguette, dihiris bulat
- 1 sudu besar minyak zaitun
- 1 cawan keju ricotta
- Perahan 1 lemon
- 1 sudu besar madu
- 1 cawan campuran beri segar
- Daun pudina segar untuk hiasan
- Pengurangan Prosecco (dibuat dengan mereneh Prosecco sehingga ia pekat)

ARAHAN:

a) Panaskan ketuhar hingga 350°F (175°C).

b) Sapu hirisan baguette dengan minyak zaitun dan letakkan di atas loyang.

c) Bakar bulatan baguette di dalam ketuhar selama kira-kira 8-10 minit atau sehingga sedikit keemasan.

d) Dalam mangkuk kecil, campurkan keju ricotta, kulit lemon, dan madu sehingga sebati.

e) Sapukan sedikit adunan ricotta ke atas setiap bulatan baguette panggang.

f) Teratas ricotta dengan campuran beri segar.

g) Siramkan pengurangan Prosecco ke atas bruschetta.

h) Hiaskan dengan daun pudina segar.

17. Zaitun Perap Prosecco

BAHAN-BAHAN:
- 1 cawan zaitun campuran (seperti Kalamata, hijau, atau hitam)
- $\frac{1}{4}$ cawan Prosecco
- 2 sudu besar minyak zaitun
- 2 ulas bawang putih, dikisar
- 1 sudu teh herba Itali kering (seperti oregano atau thyme)
- Serpihan lada merah (pilihan)

ARAHAN:
a) Dalam mangkuk, gabungkan buah zaitun, Prosecco, minyak zaitun, bawang putih cincang, herba Itali kering dan kepingan lada merah jika dikehendaki.

b) Toskan buah zaitun dalam perapan sehingga ia bersalut dengan baik.

c) Tutup mangkuk dan sejukkan selama sekurang-kurangnya 1 jam atau semalaman untuk membolehkan rasa berkembang.

d) Hidangkan buah zaitun yang diperap Prosecco sebagai snek yang enak dan berair.

18. Lidi Udang Prosecco

BAHAN-BAHAN:
- 1 paun udang besar, dikupas dan dikeringkan
- ¼ cawan Prosecco
- 2 sudu besar minyak zaitun
- 2 ulas bawang putih, dikisar
- 1 sudu besar pasli segar, dicincang
- Garam dan lada sulah secukup rasa
- Lemon wedges untuk dihidangkan

ARAHAN:

a) Dalam mangkuk, satukan Prosecco, minyak zaitun, bawang putih cincang, pasli segar, garam dan lada sulah.

b) Masukkan udang yang telah dikupas dan dibuang ke dalam bahan perapan dan toskan hingga bersalut.

c) Tutup mangkuk dan sejukkan selama sekurang-kurangnya 30 minit untuk membolehkan perisa meresap.

d) Panaskan gril atau kuali gril di atas api yang sederhana tinggi.

e) Masukkan udang yang telah diperap pada lidi.

f) Bakar lidi udang selama 2-3 minit setiap sisi atau sehingga udang berwarna merah jambu dan legap.

g) Hidangkan lidi udang Prosecco dengan hirisan lemon untuk snek yang lazat dan penuh protein.

19. Cendawan Sumbat Keju Kambing

BAHAN-BAHAN:
- 12 cendawan butang atau cremini besar
- $\frac{1}{4}$ cawan Prosecco
- 4 auns keju kambing
- 2 sudu besar daun kucai segar, dicincang
- Garam dan lada sulah secukup rasa

ARAHAN:
a) Panaskan ketuhar hingga 375°F (190°C).
b) Keluarkan batang dari cendawan dan ketepikan.
c) Dalam hidangan pembakar, tuangkan Prosecco dan letakkan penutup cendawan terbalik ke dalam hidangan.
d) Bakar penutup cendawan selama kira-kira 10 minit untuk melembutkannya.
e) Sementara itu, cincang halus batang cendawan.
f) Dalam mangkuk, campurkan batang cendawan yang dicincang, keju kambing, daun kucai, garam, dan lada sulah.
g) Keluarkan penutup cendawan dari ketuhar dan toskan sebarang Prosecco yang berlebihan.
h) Isikan setiap penutup cendawan dengan campuran keju kambing.
i) Kembalikan cendawan yang telah disumbat ke dalam ketuhar dan bakar selama 10-12 minit lagi atau sehingga isinya keemasan dan berbuih.
j) Hidangkan Prosecco dan cendawan sumbat keju kambing sebagai snek yang enak dan elegan.

20. Prosecco Ceviche

BAHAN-BAHAN:
- 1 paun isi ikan putih (seperti ikan kakap atau tilapia), dipotong menjadi kiub kecil
- 1 cawan Prosecco
- $\frac{1}{2}$ cawan jus limau
- $\frac{1}{4}$ cawan jus oren
- $\frac{1}{4}$ cawan bawang merah, dicincang halus
- 1 jalapeno, dibiji dan dikisar
- $\frac{1}{4}$ cawan ketumbar segar, dicincang
- Garam dan lada sulah secukup rasa
- Kerepek tortilla atau kerepek pisang untuk dihidangkan

ARAHAN:

a) Dalam mangkuk kaca, satukan kiub ikan, Prosecco, jus limau nipis dan jus oren.

b) Masukkan bawang merah cincang, jalapeno cincang, dan ketumbar cincang.

c) Perasakan dengan garam dan lada sulah secukup rasa.

d) Tutup mangkuk dan sejukkan selama kira-kira 2-3 jam, kacau sekali-sekala, sehingga ikan menjadi legap dan "dimasak" oleh jus sitrus.

e) Hidangkan Prosecco ceviche yang disejukkan dengan kerepek tortilla atau kerepek pisang untuk snek yang ringan dan masam.

21. Pear Rebus Prosecco

BAHAN-BAHAN:
- 4 biji pir masak, dikupas dan dibuang biji
- 2 cawan Prosecco
- 1 cawan air
- ½ cawan gula
- 1 batang kayu manis
- 4 ulas keseluruhan
- Krim putar atau aiskrim vanila untuk dihidangkan

ARAHAN:
a) Dalam periuk besar, satukan Prosecco, air, gula, batang kayu manis dan cengkih keseluruhan.

b) Panaskan campuran di atas api sederhana sehingga gula larut dan cecair mendidih.

c) Masukkan pir yang telah dikupas dan dibuang ke dalam cecair pemburuan haram.

d) Reneh pear dalam campuran Prosecco selama kira-kira 20-30 minit atau sehingga pear lembut apabila dicucuk dengan garpu.

e) Keluarkan periuk dari api dan biarkan pir sejuk dalam cecair.

f) Setelah sejuk, keluarkan pir dari cecair dan letakkannya dalam mangkuk hidangan.

g) Hidangkan pear rebus Prosecco dengan renyai-renyai cecair pemburuan haram dan sebiji krim putar atau satu sudu ais krim vanila.

22. Lidi Buah Prosecco

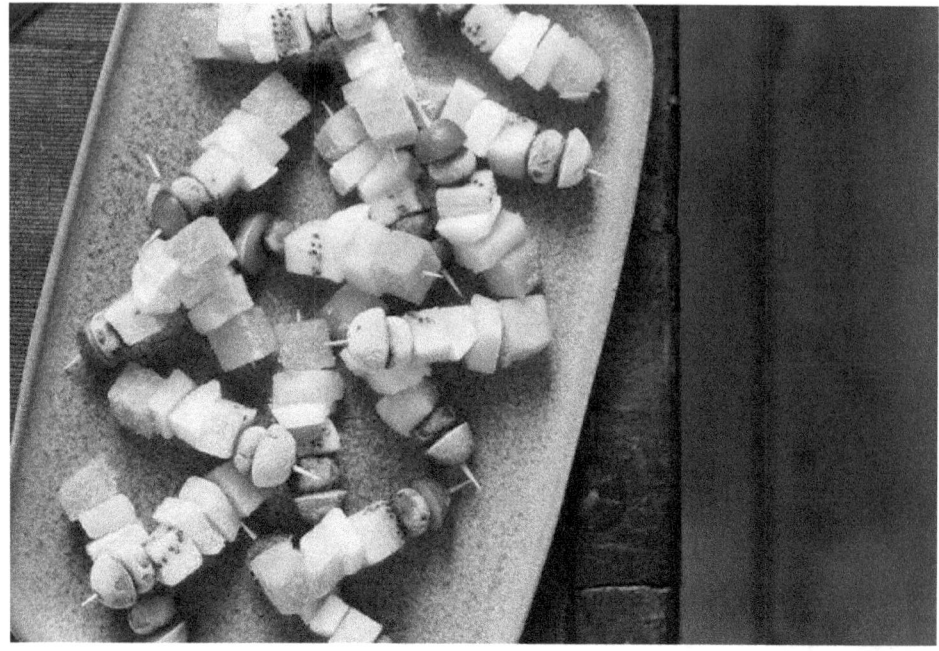

BAHAN-BAHAN:
- Pelbagai buah-buahan segar (seperti strawberi, anggur, ketulan nanas dan bebola tembikai)
- 1 cawan Prosecco
- Lidi kayu

ARAHAN:
a) Masukkan buah-buahan segar pada lidi kayu, berselang-seli buah-buahan untuk persembahan yang berwarna-warni.
b) Letakkan lidi buah dalam pinggan cetek atau loyang.
c) Tuangkan Prosecco ke atas lidi buah, pastikan ia disalut dengan baik.
d) Tutup pinggan atau kuali dan sejukkan selama sekurang-kurangnya 1 jam untuk membolehkan buah-buahan menyerap rasa Prosecco.
e) Hidangkan lidi buah Prosecco yang disejukkan sebagai snek yang menyegarkan dan berair.

23. Prosecco Popcorn

BAHAN-BAHAN:
- 8 cawan popcorn
- ¼ cawan mentega tanpa garam, cair
- 2 sudu besar Prosecco
- 1 sudu kecil kulit oren
- 1 sudu besar gula halus

ARAHAN:

a) Dalam mangkuk besar, satukan mentega cair, Prosecco, dan kulit oren.

b) Gerimiskan adunan mentega ke atas popcorn yang telah meletus dan toskan perlahan-lahan hingga rata.

c) Taburkan gula tepung ke atas popcorn dan toskan lagi hingga sebati.

d) Hidangkan segera atau simpan dalam bekas kedap udara untuk kemudian.

24. Prosecco Guacamole

BAHAN-BAHAN:
- 2 biji alpukat masak, tumbuk
- $\frac{1}{4}$ cawan bawang merah potong dadu
- $\frac{1}{4}$ cawan tomato potong dadu
- $\frac{1}{4}$ cawan ketumbar cincang
- 1 jalapeno, dibiji dan dicincang halus
- 2 sudu besar jus limau nipis segar
- 2 sudu besar Prosecco
- Garam dan lada sulah secukup rasa

ARAHAN:

a) Dalam mangkuk sederhana, satukan alpukat tumbuk, bawang merah, tomato, ketumbar dan jalapeno.

b) Masukkan jus limau nipis segar dan Prosecco.

c) Perasakan dengan garam dan lada sulah secukup rasa.

d) Hidangkan dengan kerepek tortilla atau batang sayur untuk dicelup.

25. Prosecco Bruschetta

BAHAN-BAHAN:
- Baguette, dihiris
- 1 cawan tomato ceri, dibelah dua
- ¼ cawan bawang merah potong dadu
- 2 sudu besar basil segar yang dicincang
- 1 sudu besar cuka Prosecco
- 1 sudu besar minyak zaitun
- 1 sudu teh madu
- Garam dan lada sulah secukup rasa

ARAHAN:
a) Panaskan ketuhar hingga 350°F (175°C).
b) Susun hirisan baguette di atas loyang dan bakar di dalam ketuhar sehingga sedikit garing.
c) Dalam mangkuk, satukan tomato ceri, bawang merah, selasih, cuka Prosecco, minyak zaitun, madu, garam dan lada.
d) Sudukan adunan tomato ke atas hirisan baguette yang telah dibakar.
e) Hidangkan segera sebagai snek yang lazat dan elegan.

26. Strawberi Sumbat Prosecco

BAHAN-BAHAN:
- 1 cawan strawberi segar
- 4 auns krim keju, dilembutkan
- 2 sudu besar gula halus
- 1 sudu kecil kulit oren
- 1 sudu besar Prosecco
- Daun pudina segar untuk hiasan

ARAHAN:

a) Bilas strawberi dan potong bahagian atasnya. Lubangkan bahagian tengah setiap strawberi dengan berhati-hati menggunakan pisau kecil atau pengisar tembikai.

b) Dalam mangkuk adunan, satukan keju krim lembut, gula tepung, kulit oren dan Prosecco.

c) Sudukan adunan krim keju ke dalam strawberi yang telah berlubang.

d) Hiaskan setiap strawberi yang disumbat dengan daun pudina segar.

e) Sejukkan sehingga sedia untuk dihidangkan.

27. Gigitan Timun Prosecco

BAHAN-BAHAN:
- 1 timun besar, dihiris
- 4 auns krim keju, dilembutkan
- 1 sudu besar dill segar yang dicincang
- 1 sudu besar Prosecco
- Salmon salai (pilihan)
- Kulit lemon untuk hiasan

ARAHAN:

a) Dalam mangkuk, campurkan keju krim lembut, dill cincang, dan Prosecco sehingga sebati.

b) Sapukan sedikit adunan krim keju pada setiap hirisan timun.

c) Jika mahu, tambahkan dengan sekeping salmon salai.

d) Hiaskan dengan perahan lemon.

e) Hidangkan gigitan timun sebagai snek yang elegan dan menyegarkan.

28. Campuran Jejak Prosecco

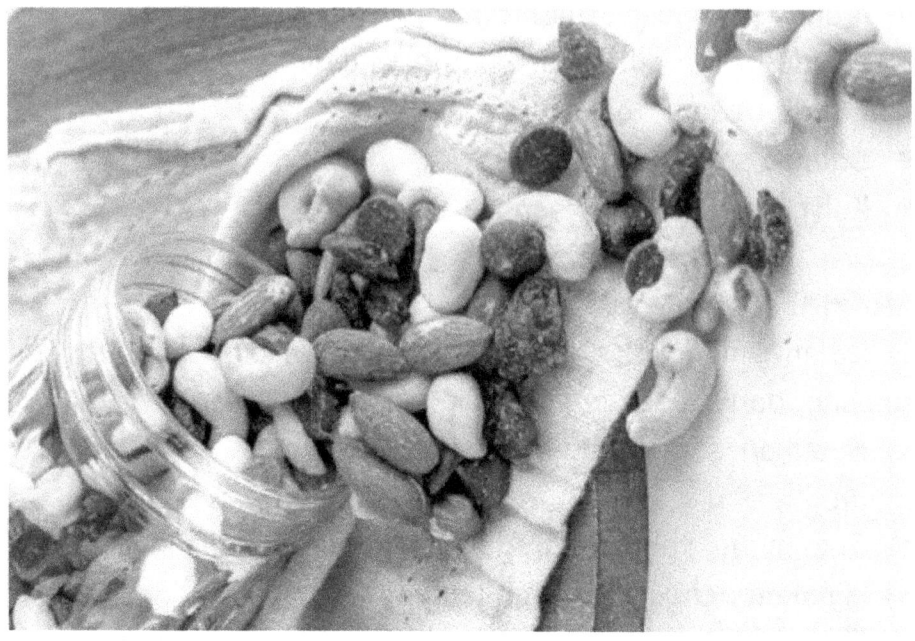

BAHAN-BAHAN:
- 1 cawan badam panggang
- 1 cawan cranberry kering
- 1 cawan cip coklat putih
- $\frac{1}{4}$ cawan kulit oren
- 2 sudu besar Prosecco

ARAHAN:

a) Dalam mangkuk besar, gabungkan badam panggang, cranberi kering dan cip coklat putih.

b) Dalam mangkuk kecil yang berasingan, campurkan kulit oren dan Prosecco untuk membuat sayu.

c) Siramkan sayu oren ke atas adunan jejak dan toskan hingga rata.

d) Sapukan adunan jejak pada lembaran pembakar dan biarkan ia mengeras.

e) Simpan dalam bekas kedap udara untuk snek yang enak dan memanjakan.

29. Gigitan Tenaga Prosecco

BAHAN-BAHAN:
- 1 cawan oat kuno
- ½ cawan mentega badam
- ⅓ cawan madu
- ¼ cawan biji rami yang dikisar
- ¼ cawan aprikot kering yang dicincang
- ¼ cawan cranberry kering yang dicincang
- ¼ cawan kelapa parut
- 1 sudu besar kulit oren
- 2 sudu besar Prosecco

ARAHAN:

a) Dalam mangkuk adunan yang besar, satukan oat, mentega badam, madu, biji rami yang dikisar, aprikot kering, cranberi kering, kelapa parut dan kulit oren.

b) Tuangkan Prosecco ke atas adunan dan kacau sehingga sebati.

c) Canai adunan menjadi bebola kecil dan letakkan di atas loyang yang telah dialas dengan kertas parchment.

d) Sejukkan tenaga gigitan selama sekurang-kurangnya 30 minit untuk ditetapkan.

e) Simpan gigitan tenaga di dalam peti sejuk untuk snek yang cepat dan sihat.

HIDANGAN UTAMA

30. Prosecco Risotto dengan Udang

BAHAN-BAHAN:
- 1 paun udang, dikupas dan dikeringkan
- 1 cawan beras Arborio
- 3 cawan sup sayur
- 1 cawan Prosecco
- $\frac{1}{2}$ cawan keju Parmesan parut
- 1 sudu besar mentega
- 1 bawang merah, dicincang halus
- 2 ulas bawang putih, dikisar
- Garam dan lada sulah secukup rasa
- Pasli segar untuk hiasan

ARAHAN:
a) Dalam kuali besar, cairkan mentega dengan api sederhana.

b) Masukkan bawang merah dan bawang putih ke dalam kuali dan masak sehingga lembut.

c) Masukkan beras Arborio ke dalam kuali dan kacau hingga salut dengan mentega.

d) Tuangkan Prosecco dan masak sehingga ia diserap oleh nasi.

e) Secara beransur-ansur masukkan sup sayur-sayuran, kira-kira $\frac{1}{2}$ cawan pada satu jam, kacau sentiasa sehingga setiap penambahan diserap sebelum menambah lagi.

f) Teruskan proses ini sehingga nasi dimasak al dente dan mempunyai konsistensi berkrim.

g) Masukkan keju Parmesan parut dan perasakan dengan garam dan lada sulah secukup rasa.

h) Dalam kuali yang berasingan, masak udang sehingga merah jambu dan masak.

i) Hidangkan risotto Prosecco dalam mangkuk, dihiasi dengan udang yang telah dimasak, dan dihiasi dengan pasli segar.

31. Prosecco Chicken Piccata

BAHAN-BAHAN:
- 4 dada ayam tanpa tulang dan tanpa kulit
- $\frac{1}{2}$ cawan tepung serba guna
- Garam dan lada sulah secukup rasa
- 2 sudu besar minyak zaitun
- 2 ulas bawang putih, dikisar
- $\frac{1}{2}$ cawan Prosecco
- $\frac{1}{2}$ cawan air rebusan ayam
- 2 sudu besar caper
- Jus 1 lemon
- 2 sudu besar mentega
- Pasli segar untuk hiasan

ARAHAN:

a) Perasakan dada ayam dengan garam dan lada sulah.

b) Dalam hidangan cetek, gabungkan tepung dengan garam dan lada.

c) Korek dada ayam dalam adunan tepung, goncangkan sebarang lebihan.

d) Dalam kuali besar, panaskan minyak zaitun dengan api sederhana.

e) Masukkan dada ayam ke dalam kuali dan masak sehingga perang keemasan di kedua-dua belah dan masak.

f) Keluarkan ayam dari kuali dan ketepikan.

g) Dalam kuali yang sama, masukkan bawang putih cincang dan masak selama kira-kira 1 minit.

h) Tuangkan ke dalam Prosecco dan sup ayam, mengikis bahagian bawah kuali untuk melonggarkan sebarang serpihan perang.

i) Masukkan caper dan jus lemon.

j) Bawa sos hingga mendidih dan masak selama beberapa minit untuk mengurangkan dan sedikit pekat.

k) Masukkan mentega hingga cair dan masukkan ke dalam sos.

l) Kembalikan dada ayam ke dalam kuali dan salutkan dengan sos.

m) Hiaskan dengan pasli segar dan hidangkan piccata ayam Prosecco dengan lauk pilihan anda.

32. Salmon dengan biji panggang dan prosecco

BAHAN-BAHAN:
- 4 fillet salmon
- Garam dan lada, dua rasa
- 2 sudu besar minyak zaitun
- 2 sudu besar biji campuran (seperti bijan, labu, atau bunga matahari)
- 1 cawan Prosecco atau mana-mana wain putih berkilauan
- 1 cawan krim berat
- 2 sudu besar dill segar, dicincang
- 1 biji lemon, dihiris (untuk hiasan)

ARAHAN:
a) Perasakan fillet salmon dengan garam dan lada pada kedua-dua belah.

b) Panaskan minyak zaitun dalam kuali besar di atas api sederhana. Masukkan fillet salmon, bahagian kulit ke bawah, dan masak selama kira-kira 4-5 minit sehingga kulitnya garing dan keperangan. Balikkan fillet dan masak selama 3-4 minit tambahan, atau sehingga salmon masak mengikut tahap kematangan yang anda inginkan. Keluarkan salmon dari kuali dan ketepikan.

c) Dalam kuali yang sama, masukkan biji campuran dan bakar dengan api sederhana selama kira-kira 2-3 minit sehingga mereka menjadi wangi dan sedikit keemasan. Keluarkan biji dari kuali dan ketepikan.

d) Deglaze kuali dengan menambah Prosecco, mengikis bahagian bawah kuali untuk melonggarkan apa-apa bit perang. Biarkan Prosecco mendidih selama beberapa minit sehingga ia berkurangan sedikit.

e) Masukkan krim kental dan teruskan reneh sos selama kira-kira 5 minit sehingga ia sedikit pekat. Perasakan dengan garam dan lada sulah secukup rasa.

f) Kembalikan fillet salmon ke dalam kuali dan masak selama 2-3 minit tambahan, membolehkan mereka memanaskan dan menyerap sedikit sos.

g) Taburkan biji panggang dan dill cincang ke atas fillet salmon.

h) Hidangkan salmon dengan sos Prosecco pada pinggan individu. Hiaskan dengan hirisan lemon.

i) Nikmati Salmon lazat anda dengan Biji Panggang dan Sos Prosecco!

33. Pasta Bolognese Prosecco

BAHAN-BAHAN:
- 1 paun daging lembu kisar
- 1 biji bawang, dicincang halus
- 2 ulas bawang putih, dikisar
- ½ cawan Prosecco
- 1 tin (14 auns) tomato dihancurkan
- ¼ cawan pes tomato
- 1 sudu teh oregano kering
- 1 sudu teh selasih kering
- Garam dan lada sulah secukup rasa
- ¼ cawan krim berat
- Pasta masak pilihan anda (seperti spageti atau fettuccine)
- Keju Parmesan parut untuk dihidangkan
- Daun selasih segar untuk hiasan

ARAHAN:
a) Dalam kuali besar, masak daging lembu yang dikisar dengan api sederhana sehingga perang.

b) Masukkan bawang besar dan bawang putih cincang ke dalam kuali dan masak sehingga lembut.

c) Tuangkan Prosecco dan masak selama beberapa minit untuk membolehkan alkohol menguap.

d) Masukkan tomato hancur, pes tomato, oregano kering, dan selasih kering.

e) Perasakan dengan garam dan lada sulah secukup rasa.

f) Rebus sos selama kira-kira 20-30 minit untuk membolehkan rasa berkembang.

g) Masukkan krim kental dan masak selama 5 minit lagi.

h) Hidangkan sos Prosecco Bolognese di atas pasta yang telah dimasak.

i) Taburkan dengan keju Parmesan parut dan hiaskan dengan daun selasih segar.

34. Risotto Cendawan Prosecco

BAHAN-BAHAN:
- 1 cawan beras Arborio
- 4 cawan sup sayur
- 1 cawan Prosecco
- 2 sudu besar minyak zaitun
- 1 biji bawang, dicincang halus
- 8 auns cendawan, dihiris
- 2 ulas bawang putih, dikisar
- $\frac{1}{4}$ cawan keju Parmesan parut
- Garam dan lada sulah secukup rasa
- Pasli segar untuk hiasan

ARAHAN:
a) Dalam periuk, panaskan sup sayur-sayuran dan Prosecco di atas api sederhana sehingga panas.

b) Dalam kuali besar yang berasingan, panaskan minyak zaitun dengan api sederhana.

c) Masukkan bawang cincang ke dalam kuali dan masak sehingga lembut.

d) Masukkan cendawan yang dihiris dan bawang putih yang dihiris kacau, dan masak sehingga cendawan empuk dan sedikit keperangan.

e) Masukkan beras Arborio ke dalam kuali dan kacau untuk menyaluti bijirin dengan campuran cendawan.

f) Masukkan campuran sup sayur-sayuran panas secara beransur-ansur, kira-kira $\frac{1}{2}$ cawan pada satu masa, kacau sentiasa sehingga setiap penambahan diserap sebelum menambah lagi.

g) Teruskan proses ini sehingga nasi dimasak al dente dan mempunyai konsistensi berkrim.

h) Masukkan keju Parmesan parut dan perasakan dengan garam dan lada sulah secukup rasa.

i) Hiaskan dengan pasli segar dan sajikan risotto cendawan Prosecco sebagai hidangan utama yang menarik.

35. Ayam dengan Pomodoro dan Sos Prosecco

BAHAN-BAHAN:
- 4 dada ayam tanpa tulang dan tanpa kulit
- Garam dan lada, dua rasa
- 2 sudu besar minyak zaitun
- 1 bawang kecil, dicincang halus
- 3 ulas bawang putih, dikisar
- 1 tin (14 auns) tomato dipotong dadu
- $\frac{1}{2}$ cawan Prosecco atau sebarang wain putih berkilauan
- $\frac{1}{4}$ cawan pes tomato
- 1 sudu teh selasih kering
- 1 sudu teh oregano kering
- $\frac{1}{2}$ sudu teh gula
- $\frac{1}{4}$ sudu teh serpihan lada merah (pilihan, untuk sedikit haba)
- Daun selasih segar, untuk hiasan
- Keju Parmesan parut, untuk hidangan

ARAHAN:
a) Perasakan dada ayam dengan garam dan lada pada kedua-dua belah.

b) Panaskan minyak zaitun dalam kuali besar di atas api sederhana tinggi. Masukkan dada ayam dan masak selama kira-kira 5-6 minit setiap sisi sehingga ia keperangan dan masak. Keluarkan ayam dari kuali dan ketepikan.

c) Dalam kuali yang sama, masukkan bawang besar dan bawang putih yang dicincang. Tumis selama 2-3 minit sehingga bawang menjadi lut sinar dan bawang putih naik bau.

d) Masukkan tomato dadu, Prosecco, pes tomato, selasih kering, oregano kering, gula, dan kepingan lada merah (jika menggunakan) ke dalam kuali. Kacau rata untuk menggabungkan semua bahan.

e) Kecilkan api dan renehkan sos selama kira-kira 10-15 minit, biarkan rasa sebati dan sos menjadi pekat sedikit. Perasakan dengan garam dan lada tambahan, jika perlu.

f) Kembalikan dada ayam yang telah dimasak ke dalam kuali, masukkan ke dalam sos. Sudukan sedikit sos ke atas ayam.

g) Teruskan reneh ayam dalam sos selama 5 minit lagi, atau sehingga ayam dipanaskan.

h) Hiaskan ayam dengan daun selasih segar dan taburkan dengan keju Parmesan parut.

i) Hidangkan ayam dengan sos Pomodoro dan Prosecco di atas pasta, nasi, atau dengan roti berkerak di sebelah.

36. Tulang Rusuk Pendek Daging Lembu Rebus Prosecco

BAHAN-BAHAN:
- 4 rusuk pendek daging lembu
- Garam dan lada sulah secukup rasa
- 2 sudu besar minyak zaitun
- 1 bawang, dicincang
- 2 lobak merah, dicincang
- 2 batang saderi, dihiris
- 4 ulas bawang putih, dikisar
- 2 cawan Prosecco
- 2 cawan air rebusan daging lembu
- 2 tangkai thyme segar
- 2 tangkai rosemary segar
- 1 daun salam
- Pasli segar untuk hiasan

ARAHAN:
a) Panaskan ketuhar hingga 325°F (163°C).

b) Perasakan rusuk pendek daging lembu dengan garam dan lada sulah.

c) Dalam ketuhar Belanda yang besar atau periuk yang selamat untuk ketuhar, panaskan minyak zaitun di atas api yang sederhana tinggi.

d) Perangkan rusuk pendek di semua sisi, kemudian keluarkan dari periuk dan ketepikan.

e) Dalam periuk yang sama, masukkan bawang cincang, lobak merah, saderi, dan bawang putih cincang.

f) Masak sayur hingga empuk dan agak karamel.

g) Tuangkan Prosecco dan sup daging lembu, dan biarkan cecair mendidih.

h) Masukkan tulang rusuk pendek yang sudah perang kembali ke dalam periuk, bersama-sama dengan tangkai thyme segar, rosemary dan daun bay.

i) Tutup periuk dengan tudung dan pindahkan ke ketuhar yang telah dipanaskan.

j) Rebus tulang rusuk pendek di dalam ketuhar selama kira-kira 2-3 jam, atau sehingga daging empuk dan jatuh dari tulang.

k) Keluarkan periuk dari ketuhar dan buang sebarang lemak berlebihan dari permukaan.

l) Hidangkan tulang rusuk pendek daging lembu rebus Prosecco dengan cecair braising dan hiaskan dengan pasli segar.

37. Ayam Bakar Perap Prosecco

BAHAN-BAHAN:
- 4 dada ayam tanpa tulang dan tanpa kulit
- 1 cawan Prosecco
- $\frac{1}{4}$ cawan minyak zaitun
- Jus 1 lemon
- 2 ulas bawang putih, dikisar
- 1 sudu besar herba segar yang dicincang (seperti rosemary, thyme, atau pasli)
- Garam dan lada sulah secukup rasa
- Lemon wedges untuk dihidangkan
- Herba segar untuk hiasan

ARAHAN:
a) Dalam mangkuk, pukul bersama Prosecco, minyak zaitun, jus lemon, bawang putih cincang, herba segar yang dicincang, garam dan lada sulah.
b) Letakkan dada ayam dalam beg plastik yang boleh ditutup semula atau hidangan cetek dan tuangkan perapan Prosecco ke atasnya.
c) Tutup beg atau tutup hidangan, dan sejukkan selama sekurang-kurangnya 1 jam, atau semalaman untuk rasa terbaik.
d) Panaskan panggangan ke api sederhana tinggi.
e) Keluarkan dada ayam dari perapan, biarkan lebihan perapan menitis.
f) Bakar ayam selama kira-kira 6-8 minit setiap sisi, atau sehingga masak dan tidak lagi merah jambu di tengah.
g) Keluarkan ayam dari panggangan dan biarkan ia berehat selama beberapa minit.
h) Hidangkan ayam panggang perap Prosecco dengan hirisan lemon dan hiaskan dengan herba segar.

PENJERAHAN

38. Kek Prosecco

BAHAN-BAHAN:
UNTUK KEK:
- 2 ½ cawan tepung serba guna
- 2 ½ sudu teh serbuk penaik
- ½ sudu teh garam
- 1 cawan mentega tanpa garam, dilembutkan
- 2 cawan gula pasir
- 4 biji telur besar
- 1 sudu teh ekstrak vanila
- 1 cawan Prosecco (wain berkilauan)
- ¼ cawan susu

UNTUK PROSECCO BUTTERCREAM FROSTING:
- 1 ½ cawan mentega tanpa garam, dilembutkan
- 4 cawan gula halus
- ¼ cawan Prosecco (wain berbuih)
- 1 sudu teh ekstrak vanila

HIASAN PILIHAN:
- Mutiara yang boleh dimakan
- Beri segar
- Gula berkilauan

ARAHAN:
UNTUK KEK:
a) Panaskan ketuhar anda hingga 180°C (350°F) dan gris dan tepung dua loyang kek bulat 9 inci.

b) Dalam mangkuk sederhana, pukul bersama tepung, serbuk penaik, dan garam. Mengetepikan.

c) Dalam mangkuk adunan besar, pukul bersama mentega lembut dan gula pasir sehingga ringan dan gebu.

d) Masukkan telur, satu demi satu, pukul sebati selepas setiap penambahan. Masukkan ekstrak vanila.

e) Masukkan bahan kering secara beransur-ansur ke dalam campuran mentega, berselang-seli dengan Prosecco, bermula dan berakhir dengan bahan kering. Gaul sehingga sebati sahaja.

f) Masukkan susu dan gaul hingga adunan sebati.

g) Bahagikan adunan sama rata antara kuali kek yang disediakan, ratakan bahagian atasnya dengan spatula.

h) Bakar dalam ketuhar yang telah dipanaskan selama lebih kurang 25-30 minit atau sehingga pencungkil gigi yang dimasukkan ke dalam bahagian tengah kek keluar bersih.

i) Keluarkan kek dari ketuhar dan biarkan ia sejuk dalam kuali selama 10 minit. Kemudian, pindahkan mereka ke rak dawai untuk menyejukkan sepenuhnya.

UNTUK PROSECCO BUTTERCREAM FROSTING:

j) Dalam mangkuk adunan besar, pukul mentega lembut sehingga berkrim dan licin.

k) Masukkan gula tepung secara beransur-ansur, satu cawan pada satu masa, pukul dengan baik selepas setiap penambahan.

l) Masukkan Prosecco dan ekstrak vanila dan teruskan pukul sehingga frosting ringan dan gebu.

PERHIMPUNAN:

m) Letakkan satu lapisan kek di atas pinggan hidangan atau tempat kek. Sapukan sejumlah besar pembekuan krim mentega Prosecco secara merata ke atas.

n) Letakkan lapisan kek kedua di atas dan bekukan keseluruhan kek dengan baki pembekuan krim mentega Prosecco, menggunakan spatula atau kek yang lebih halus untuk menghasilkan kemasan yang licin.

o) Pilihan: Hiaskan kek dengan mutiara yang boleh dimakan, beri segar atau taburan gula berkilauan untuk menambah keanggunan dan daya tarikan visual.

p) Hiris dan sajikan kek Prosecco, nikmati rasa halus dan sentuhan perayaan Prosecco.

39. Fondue Keju Prosecco

BAHAN-BAHAN:
- 1 cawan parut keju Gruyere
- 1 cawan parut keju Emmental
- 1 sudu besar tepung jagung
- 1 cawan Prosecco
- 1 ulas bawang putih, dikisar
- 1 sudu besar jus lemon
- Lada hitam yang baru dikisar
- Pelbagai gayung (seperti kiub roti, hirisan epal atau sayur-sayuran)

ARAHAN:

a) Dalam mangkuk, toskan Gruyere parut dan keju Emmental dengan tepung jagung sehingga bersalut.

b) Dalam periuk fondue atau periuk, panaskan Prosecco di atas api sederhana sehingga panas tetapi tidak mendidih.

c) Masukkan campuran keju parut secara beransur-ansur ke dalam Prosecco panas, kacau berterusan sehingga cair dan licin.

d) Masukkan bawang putih kisar dan jus lemon.

e) Perasakan dengan lada hitam yang baru dikisar secukup rasa.

f) Pindahkan fondue keju Prosecco ke dalam periuk fondue untuk memastikan ia hangat.

g) Hidangkan dengan pelbagai gayung untuk snek yang diselitkan Prosecco yang menyeronokkan dan interaktif.

40. Prosecco Granita

BAHAN-BAHAN:
- 2 cawan Prosecco
- $\frac{1}{4}$ cawan gula
- Jus 1 lemon
- Daun pudina segar untuk hiasan

ARAHAN:
a) Dalam periuk, panaskan Prosecco dan gula dengan api sederhana sehingga gula larut.
b) Keluarkan periuk dari api dan campurkan jus lemon.
c) Tuangkan campuran Prosecco ke dalam hidangan cetek dan selamat dalam peti sejuk.
d) Letakkan hidangan di dalam peti sejuk dan biarkan selama kira-kira 1 jam.
e) Selepas 1 jam, gunakan garpu untuk mengikis dan gebu adunan separa beku.
f) Kembalikan hidangan ke dalam peti sejuk dan ulangi proses mengikis setiap 30 minit selama kira-kira 3-4 jam, sehingga granita mempunyai tekstur yang gebu dan berais.
g) Hidangkan Prosecco granita dalam mangkuk atau gelas pencuci mulut, dihiasi dengan daun pudina segar untuk hidangan yang sejuk dan menyegarkan.

41. Peach dan Prosecco Pavlova

BAHAN-BAHAN:
- 4 biji putih telur
- 1 cawan gula kastor
- 1 sudu teh cuka putih
- 1 sudu teh tepung jagung
- 1 cawan krim putar
- 2 buah pic masak, dihiris
- ½ cawan Prosecco

ARAHAN:

a) Panaskan ketuhar hingga 300°F (150°C). Lapik loyang dengan kertas parchment.

b) Pukul putih telur sehingga stiff peak terbentuk. Secara beransur-ansur tambah gula, satu sudu pada satu masa, pukul dengan baik selepas setiap penambahan.

c) Masukkan cuka dan tepung jagung dan pukul sehingga sebati.

d) Sudukan adunan ke atas loyang yang disediakan untuk membentuk bulatan 8 inci (20 cm).

e) Menggunakan spatula, buat perigi di tengah pavlova.

f) Bakar selama 1 jam atau sehingga pavlova garing di luar dan lembut di dalam.

g) Sedikit sejuk sepenuhnya.

h) Sapukan krim putar di atas pavlova. Tambah pic yang dihiris dan gerimis dengan Prosecco.

42. Panna cotta champagne dengan beri

BAHAN-BAHAN:
VANILA PANNA COTTA
- 1 ¼ cawan separuh dan separuh
- 1 ¾ cawan krim pekat
- 2 sudu teh gelatin tanpa rasa
- 45 gram gula pasir
- Secubit garam
- 1 ½ sudu teh ekstrak vanila

JELI WINE BERKELUARGA
- 2 cawan Champagne, Prosecco atau wain berkilauan
- 2 sudu teh gelatin
- 4 sudu teh gula pasir

ARAHAN:
VANILA PANNA COTTA
a) Masukkan 2 sudu besar separuh dan separuh ke dalam cawan kecil dan taburkan gelatin di atas sehingga kembang.
b) Masukkan baki susu, gula dan garam ke dalam periuk dengan api perlahan tetapi jangan biarkan mendidih. Jika ia berlaku, segera keluarkan dari api. Sentiasa mengawasinya kerana ia boleh mendidih dengan cepat.
c) Kacau sehingga gula larut sepenuhnya.
d) Masukkan krim dan kacau sehingga sebati sepenuhnya.
e) Pukul gelatin yang telah kembang. Jangan biarkan mendidih.
f) Tanggalkan api.
g) Tambah ekstrak vanila.
h) Kacau perlahan-lahan sehingga adunan mencapai suhu bilik.
i) Tuangkan adunan ke dalam gelas tembakan atau gelas seruling tinggi. Sebelum menuang ke dalam setiap gelas

baru, kacau perlahan-lahan adunan untuk mengelakkannya daripada terpisah.

j) Letakkan dalam bekas kedap udara di dalam peti sejuk untuk ditetapkan sebelum menambah jeli champagne di atas. Lebih kurang 2-4 jam.

JELI WINE BERKELUARGA

k) Masukkan 2 sudu besar wain berkilauan dalam cawan, dan taburkan gelatin di atasnya untuk mekar.

l) Letakkan gula dan Prosecco dalam kuali kecil dan panaskan dengan api perlahan.

m) Setelah gula larut, masukkan gelatin yang telah mekar sambil dipukul. Jangan biarkan mendidih.

n) Setelah ia sejuk ke suhu bilik. Tuangkan di atas set panna cotta. Kacau perlahan-lahan adunan sebelum dituangkan ke dalam setiap gelas.

o) Setelah jeli set, sejurus sebelum dihidangkan, letakkan beberapa buah beri pilihan anda di atas perlahan-lahan. Isi seluruh gelas dengan champagne. Putar gelas untuk membiarkan jus beri keluar. Kaca seruling kini akan mempunyai tiga lapisan warna yang berbeza.

43. Strawberi Champagne Sorbet

BAHAN-BAHAN:
- 4 cawan strawberi segar, dicuci dan dikupas
- 1 ½ cawan champagne atau prosecco
- ⅓ cawan gula pasir

ARAHAN:

a) Masukkan semua bahan ke dalam pengisar dan kisar sehingga rata.

b) Pindahkan campuran ke pembuat ais krim dan kisar mengikut arahan pengilang.

c) Makan segera atau pindahkan ke bekas kalis beku untuk disejukkan sehingga pejal.

44. Strawberi & Prosecco Pate de Fruit

BAHAN-BAHAN:
- 2 cawan gula pasir
- ¾ cawan puri strawberi
- 1-¼ cawan sos epal tanpa gula
- 1 sudu teh jus lemon
- 4 sudu teh serbuk pektin
- 4-½ sudu teh prosecco

ARAHAN:

a) Lapikkan kuali persegi bersaiz 8 kali 8 inci dengan dua keping kertas kulit bersilang. Saya mendapati ia berguna untuk menggunakan penyepit pakaian untuk memastikan kertas kekal diletakkan.

b) Dalam periuk 3 liter dalam, satukan gula, puri strawberi, sos epal, jus lemon dan pektin.

c) Didihkan dengan api sederhana, kacau selalu dengan spatula atau sudu kayu kalis haba.

d) Apabila adunan telah masak selama kira-kira 10 minit, pasangkan termometer gula-gula dengan berhati-hati. Pada ketika ini, anda perlu mengacau secara berterusan untuk memastikan bahagian bawah kuali tidak terbakar.

e) Masak sehingga termometer mencapai 225F. Tutup api dan masukkan wain merah.

f) Matikan api dan kacau dalam wain merah, kemudian segera tuangkan sirap ke dalam kuali yang disediakan.

g) Biarkan selama 4-8 jam sehingga kelihatan.

h) Taburkan papan pemotong dengan gula pasir dan kemudian keluarkan pate de buah ke papan pemotong.

i) Perlahan-lahan kupas kertas parchment. Ia akan melekit, jadi kerja dari satu sudut dan kupas perlahan-lahan.

j) Menggunakan pisau tajam yang besar, potong gula-gula menjadi jalur satu inci dan kemudian kepingan satu inci. Anda perlu mencuci dan mengeringkan pisau di antara luka.

k) Korek petak pate de fruit dalam lebih banyak gula.

l) Simpan dalam bekas kedap udara dengan kulit di antara lapisan.

45. Anggur Vodka Prosecco

BAHAN-BAHAN:
- 16 auns anggur merah tanpa biji
- 16 auns anggur hijau tanpa biji
- 750ml prosecco
- 6 auns vodka
- ⅓ cawan gula pasir

ARAHAN:

a) Basuh dan keringkan anggur, kemudian masukkan ke dalam mangkuk besar.

b) Tuangkan Prosecco dan vodka ke atas anggur dan sejukkan semalaman.

c) Tapis dan bersihkan anggur dengan tuala kertas supaya wap. Nota: melapik lembaran pembakar dalam tuala kertas dan menggoyangkannya ke depan dan ke belakang ialah cara cepat untuk mengeringkannya dengan ringan.

d) Sapukan dalam lapisan sekata pada lembaran penaik, dan taburkan dengan gula. Tos perlahan-lahan hingga menyalut.

46. Madu yang diselitkan Prosecco

BAHAN-BAHAN:
- 4 buah pic masak, dikupas, diadu, dan dihiris
- 1 sudu besar gula
- 1 cawan Prosecco atau mana-mana wain putih berkilauan
- Daun pudina segar untuk hiasan (pilihan)
- Aiskrim vanila atau krim putar (pilihan)

ARAHAN:
a) Dalam mangkuk, gabungkan pic yang dihiris, gula, dan Prosecco. Tos perlahan-lahan untuk menyalut pic dengan sekata. Biarkan adunan selama kira-kira 10-15 minit untuk membolehkan perisa sebati.

b) Bahagikan campuran pic dan Prosecco ke dalam mangkuk hidangan atau gelas pencuci mulut.

c) Jika dikehendaki, letakkan pic dengan satu sudu ais krim vanila atau sebiji krim putar.

d) Hiaskan dengan daun pudina segar, jika mahu.

e) Hidangkan pencuci mulut Peaches dan Prosecco dengan segera dan nikmati gabungan rasa yang menarik.

47. Prosecco merah jambu beruang bergetah p

BAHAN-BAHAN:
- 200 ml Prosecco
- 100 g Gula
- Gelatin yang cukup untuk menetapkan kira-kira lima kali lebih banyak cecair daripada yang anda ada

ARAHAN:
a) Tuangkan Prosecco dan gula ke dalam kuali dan panaskan perlahan-lahan dengan api perlahan sehingga gula larut.
b) Masukkan serbuk Gelatin ke dalam kuali sedikit demi sedikit dan kacau sentiasa memanaskan cecair dengan sangat, sangat perlahan manakala gula dan gelatin cair ke dalam Prosecco - semakin perlahan anda memanaskan campuran, semakin banyak denyut yang anda akan rasa dalam beruang bergetah yang telah siap. .
c) Setelah semuanya larut kemudian matikan kuali dan masukkan beberapa titis pewarna makanan merah jambu ke dalam kuali. Kacau sehingga cecair berwarna merah jambu - Saya melakukan satu kumpulan dengan ini dan satu tanpa dan kumpulan dengan pewarna makanan kelihatan lebih baik atas sebab yang ganjil.
d) Seterusnya, anda boleh mula mengisi acuan beruang bergetah anda yang lebih senang diucapkan daripada dilakukan jika anda tidak mendapat acuan yang disertakan bersama picagari kerana ia sangat kecil dan mudah melimpah jika anda menuang cecair ke dalamnya. Saya dapati cara terbaik untuk melakukannya ialah menggunakan sudu penyukat saya - yang paling kecil sesuai untuk mengisi acuan.
e) Biarkan di dalam peti sejuk selama beberapa jam - sebaiknya semalaman.

48. Salad buah mimosa

BAHAN-BAHAN:
- 3 buah kiwi, dikupas dan dihiris
- 1 cawan beri hitam
- 1 cawan beri biru
- 1 cawan strawberi, dibelah empat
- 1 cawan nenas, potong kecil
- 1 cawan Prosecco, sejuk
- $\frac{1}{2}$ cawan jus oren yang baru diperah
- 1 sudu besar madu
- $\frac{1}{2}$ cawan pudina segar

ARAHAN:
a) Dalam mangkuk besar, satukan semua buah.
b) Tuangkan Prosecco, jus oren, dan madu ke atas buah dan toskan dengan berhati-hati untuk menggabungkan.
c) Hiaskan dengan pudina dan hidangkan.

49. Prosecco Macarons

BAHAN-BAHAN:
UNTUK PENGISIAN:
- $\frac{1}{2}$ cawan krim berat, dibahagikan
- $\frac{1}{2}$ cawan Prosecco
- 2 sudu besar tepung jagung
- 2 sudu besar gula pasir
- 1 biji telur keseluruhan
- 2 biji kuning telur
- 2 sudu besar mentega tanpa garam
- 1 sudu teh ekstrak vanila

UNTUK KERANG MACARON:
- 100 gram tepung badam
- 1 cawan gula tepung
- kulit sebiji oren
- 3 biji putih telur
- $\frac{1}{8}$ sudu teh krim tartar
- $\frac{1}{4}$ cawan + 2 sudu teh gula halus
- Mawar merah jambu & gel kuning lemon pewarna makanan (pilihan)

ARAHAN:
BUAT PENGISIAN:
a) Dalam mangkuk, satukan $\frac{1}{4}$ cawan krim dengan tepung jagung, kuning telur dan telur keseluruhan; mengetepikan.

b) Dalam periuk kecil, gabungkan baki krim, Prosecco, dan gula pasir, dan letakkan di atas api sederhana.

c) Apabila adunan mula mendidih, masukkan satu pertiga daripadanya ke dalam adunan telur, kacau dengan kuat.

d) Tuang semula adunan telur yang telah dipanaskan ke dalam periuk dan masak dengan api perlahan sehingga pekat.

e) Keluarkan dari api dan kacau dalam mentega tanpa garam dan ekstrak vanila.

f) Tapis adunan melalui penapis jaring halus ke dalam mangkuk selamat panas, tutup permukaan dengan bungkus plastik dan sejukkan di dalam peti sejuk.

MEMBUAT KERANGKA MACARON:

g) Ayak tepung badam dan gula tepung bersama-sama, buang mana-mana kepingan besar, dan tambahkan kulit oren ke dalam adunan.

h) Dalam mangkuk yang berasingan, pukul putih telur sehingga berbuih, kemudian masukkan krim tartar dan teruskan sebat sehingga soft peak terbentuk.

i) Masukkan gula halus perlahan-lahan sambil terus memecut putih telur.

j) Warnakan campuran dengan pewarna makanan pes merah jambu ros dan kuning lemon jika dikehendaki.

k) Pukul adunan sehingga stiff peak.

l) Masukkan adunan badam perlahan-lahan ke dalam putih telur yang disebat sehingga adunan jatuh dari spatula dalam reben panjang.

m) Pindahkan adunan ke dalam beg paip yang dipasang dengan hujung bulat kecil dan paipkan bulatan berdiameter satu inci ke atas lembaran pembakar yang dialas kertas.

n) Panaskan ketuhar hingga 375 darjah F (190 darjah C).

o) Biarkan kulit macaron kering dan membentuk selaput/kulit nipis selama lebih kurang 20-30 minit.

p) Kurangkan suhu ketuhar kepada 325 darjah F (163 darjah C) dan bakar kulit macaron selama 12-15 minit.

q) Sejukkan kulit di atas loyang.

HIMPUNKAN MACARON:

r) Setelah cengkerang disejukkan, paipkan kira-kira dua sudu teh inti yang telah disejukkan ke separuh daripada cengkerang.

s) Sandwic inti dengan kulit yang tinggal.

50. Ais Krim Prosecco

BAHAN-BAHAN:
- 2 cawan + 2 sudu besar susu penuh
- 1 ¼ cawan krim pekat
- 2 sudu besar sirap jagung
- ½ cawan gula pasir putih
- 1 sudu teh garam halal
- 1 ½ sudu besar tepung jagung
- 1 sudu teh ekstrak vanila
- ½ sudu teh ekstrak oren
- 2 sudu besar kulit oren
- ⅓ cawan Prosecco

ARAHAN:
a) Dalam periuk 4 liter, pukul 2 cawan susu, krim pekat, sirap jagung, gula dan garam. Didihkan dengan api sederhana. Tonton dengan teliti dan kerap pukul.

b) Dalam mangkuk yang berasingan, pukul bersama tepung jagung dan simpan 2 sudu besar susu sehingga rata. Ditetapkan oleh periuk.

c) Apabila adunan mula mendidih, pukul untuk memastikan semua gula larut. Biarkan adunan mendidih perlahan-lahan selama 2 minit. Kemudian keluarkan dari api dan masukkan bancuhan tepung jagung. Panaskan semula dan pukul sehingga adunan menggelegak.

d) Keluarkan dari api dan kacau dalam vanila, ekstrak oren, dan kulit oren. Biarkan sejuk pada suhu bilik, selama kira-kira 20 minit. Kemudian tuangkan ke dalam bekas kedap udara melalui penapis untuk mengeluarkan sebarang ketulan dan sebarang kulit.

e) Sejukkan sekurang-kurangnya 6 jam.

f) Apabila asas aiskrim telah sejuk, keluarkan dari peti sejuk dan tuangkan ke dalam pembuat aiskrim. Tambah Prosecco di atas asas ais krim.

g) Ikut arahan dengan pembuat anda kerana ia mungkin berbeza bergantung pada pengilang. Masukkan dayung dan kisar hingga pekat. Dengan lampiran aiskrim KitchenAid, ini mengambil masa kira-kira 25-30 minit.

h) Bila aiskrim sudah sebati, cedok ke dalam bekas beku kedap udara. Bekukan selama 4-6 jam sebelum dinikmati untuk memastikan ia berada pada konsistensi sudu yang baik.

51. Salad buah Prosecco

BAHAN-BAHAN:
- 3 buah kiwi, dikupas dan dihiris
- 1 cawan beri hitam
- 1 cawan beri biru
- 1 cawan strawberi, dibelah empat
- 1 cawan nenas, potong kecil
- 1 cawan Prosecco, sejuk
- ½ cawan jus oren yang baru diperah
- 1 sudu besar madu
- ½ cawan pudina segar

ARAHAN:
d) Dalam mangkuk besar, satukan semua buah.
e) Tuangkan Prosecco, jus oren, dan madu ke atas buah dan toskan dengan berhati-hati untuk menggabungkan.
f) Hiaskan dengan pudina dan hidangkan.

52. Cranberry -Kek Sarapan Prosecco

BAHAN-BAHAN:
- Semburan masakan
- 1 cawan (2 batang) mentega tanpa garam, dilembutkan
- 1 ¾ cawan (350 g) gula pasir, dibahagikan, ditambah lagi untuk dihidangkan
- 2 sudu besar kulit oren parut halus
- 2 biji telur besar
- 2 biji kuning telur besar
- 4 cawan (480 g) tepung kek
- 2 ½ sudu teh serbuk penaik
- 1 sudu teh garam halal
- ½ sudu teh baking soda
- 1 cawan jus oren segar (dari kira-kira 2 oren pusat besar)
- ½ cawan yogurt Yunani biasa
- ½ cawan brut Prosecco
- 12 auns cranberi segar atau beku (kira-kira 3 cawan), dibahagikan

Arah:
a) Panaskan ketuhar hingga 350°F (175°C). Gris loyang 13"x 9" dengan semburan masak. Alaskan kuali dengan kertas pacmen, tinggalkan gantungan 2" pada kedua-dua belah yang panjang, dan kemudian griskan parchment dengan semburan masak.

b) Dalam mangkuk besar pengadun berdiri yang dipasang dengan lampiran dayung (atau dalam mangkuk besar menggunakan pengadun pegang tangan), pukul mentega lembut dan 1 ½ cawan gula pasir pada kelajuan sederhana tinggi sehingga ringan dan gebu, kira-kira 5 minit. Kikis bahagian tepi mangkuk mengikut keperluan. Masukkan 1 sudu besar kulit oren dan pukul pada kelajuan sederhana rendah sehingga sebati. Masukkan telur dan kuning telur, satu demi satu, pukul hingga sebati selepas setiap penambahan.

c) Dalam mangkuk sederhana, pukul bersama tepung kek, serbuk penaik, garam kosher, dan soda penaik. Masukkan separuh bahan kering ke dalam adunan mentega dan pukul pada kelajuan rendah sehingga sebati. Tambah jus oren segar dan yogurt Yunani, dan pukul pada kelajuan sederhana sehingga sebahagian besar cecair dimasukkan. Masukkan Prosecco kasar dan baki bahan kering, dan pukul pada kelajuan rendah sehingga sebati; tidak mengapa jika terdapat beberapa ketulan kecil. Kikis bahagian bawah mangkuk untuk memastikan tiada bintik-bintik kering. Lipat dalam 2 cawan cranberry.

d) Tuangkan adunan ke dalam kuali yang disediakan dan taburkan baki 1 cawan cranberry di atasnya. Dalam mangkuk kecil, satukan ¼ cawan gula dan 1 sudu besar kulit oren. Taburkan adunan ini di atas adunan.

e) Bakar kek sehingga ia berwarna perang keemasan dan penguji yang dimasukkan ke dalam bahagian tengah keluar bersih, kira-kira 50 hingga 55 minit.

f) Biarkan kek sejuk, dan kemudian taburkan lebih banyak gula dan kulit oren sebelum dihidangkan.

53. Kek Prosecco Klasik

BAHAN-BAHAN:
KEK SPAN:
- 1 ¼ cawan (250 g) gula
- 1 ¼ cawan (140 g) tepung serba guna (00)
- ¾ cawan (120 g) kanji kentang
- 8 biji telur, pada suhu bilik
- 2 biji vanila
- 1 secubit garam halus

KRIM PASTRI (UNTUK 30 auns / 850 G):
- 5 biji kuning telur
- 1 cawan (175 g) gula
- 2 cawan (500 ml) susu penuh
- ½ cawan (125 ml) krim pekat
- 7 sudu besar (55 g) tepung jagung
- 1 biji vanila

KRIM CHANTILLY:
- ½ cawan (100 ml) krim pekat
- 2 ½ sudu besar (10 g) gula tepung

SIRAP LIQUEUR:
- 0.6 cawan (130 g) air
- 0.3 cawan (75 g) gula
- 0.3 cawan (70 g) minuman keras Grand Marnier
- Untuk menghias:
- Gula tepung (dua rasa)

ARAHAN:
PENYEDIAAN KEK SPAN:
a) Panaskan ketuhar kepada 325°F (160°C) dalam mod statik. Gris dan tepung dua loyang kek berdiameter 8" (20 cm).

b) Dalam pengadun berdiri, pecahkan telur, masukkan biji dari kacang vanila, dan secubit garam, dan perlahan-lahan masukkan gula. Pukul pada kelajuan sederhana selama kira-kira 15 minit sehingga telur menjadi tiga kali ganda dalam jumlah dan menjadi cair dan berkrim.

c) Ayak tepung dan kanji kentang bersama-sama. Masukkan serbuk perlahan-lahan ke dalam adunan telur dengan pergerakan ke atas menggunakan spatula sehingga homogen.

d) Bahagikan adunan sama rata antara dua loyang kek. Bakar dalam ketuhar yang telah dipanaskan di rak bawah selama kira-kira 50 minit atau sehingga pencungkil gigi keluar bersih.

e) Biarkan kek sejuk sepenuhnya di dalam kuali sebelum mengeluarkannya. Kemudian pindahkan ke rak penyejuk untuk menyelesaikan penyejukan.

f) Penyediaan Krim Diplomatik:

g) Untuk krim pastri, panaskan susu, krim kental dan kacang vanila (dibelah terbuka) dalam kuali sehingga hampir mendidih.

h) Dalam mangkuk yang berasingan, pukul kuning telur dengan gula dan biji vanila. Ayak tepung jagung ke dalam adunan dan kacau.

i) Keluarkan kacang vanila dari campuran susu dan perlahan-lahan tuangkan satu sudu susu panas ke dalam adunan kuning telur, kacau dengan pemukul untuk larut.

j) Tuangkan semula semua ke dalam kuali dengan susu panas dan masak dengan api perlahan, kacau sentiasa, sehingga pekat. Pindahkan krim pastri ke dalam pinggan kalis ketuhar, tutup dengan bungkus plastik, dan biarkan ia sejuk sepenuhnya.

k) Dalam mangkuk yang berasingan, pukul krim segar dengan gula tepung sehingga disebat dengan baik. Tambah satu sudu krim putar ke krim pastri yang telah disejukkan dan kacau dengan kuat. Kemudian perlahan-lahan lipatkan baki krim putar. Tutup dengan bungkus plastik dan sejukkan selama kira-kira 30 minit untuk ditetapkan.

PENYEDIAAN SIRAP :

l) Dalam periuk, satukan air, gula dan minuman keras Grand Marnier. Panaskan dan kacau sehingga gula cair. Biarkan sirap sejuk.

Memasang Kek:

m) Potong kerak luar daripada kedua-dua kek span, hanya tinggalkan bahagian yang lebih ringan untuk mengurangkan sisa.

n) Ambil satu kek span dan potong kepada tiga lapisan seragam.

o) Letakkan lapisan pertama pada pinggan hidangan dan basahkan dengan sirap.

p) Sapukan kira-kira $\frac{1}{4}$ krim diplomatik sejuk ke atas lapisan lembap.

q) Ulang dengan lapisan kedua, sirap, dan krim. Kemudian masukkan lapisan terakhir dan rendam dengan baki sirap.

r) Tutup bahagian atas dan tepi kek dengan baki krim sejuk.

s) Potong kek span kedua menjadi kepingan menegak dan kemudian menjadi kiub kecil.

t) Letakkan kiub kek span di seluruh permukaan kek, termasuk tepi.

u) Sejukkan kek selama beberapa jam sebelum dihidangkan.

v) Taburkan kek Prosecco klasik dengan gula tepung sebelum dihidangkan.

PENYIMPANAN:

w) Kek Prosecco yang dipasang boleh disimpan di dalam peti sejuk sehingga 3-4 hari. Kek span sahaja boleh disimpan selama 2 hari dibalut dengan bungkus plastik atau dibekukan sehingga 1 bulan. Kastard juga boleh disimpan selama 2-3 hari di dalam peti ais.

54. Kek cawan Prosecco

BAHAN-BAHAN:
- 1 kotak campuran kek vanila
- 1 ¼ cawan Prosecco, dibahagikan
- ⅓ cawan minyak sayuran
- 3 biji telur besar
- 2 sudu teh kulit oren, dibahagikan
- 1 cawan (2 batang) mentega, dilembutkan
- 4 cawan gula halus
- 1 sudu teh ekstrak vanila tulen
- Secubit garam halal
- Gula pasir emas
- Baji oren, untuk hiasan

ARAHAN:
a) Panaskan ketuhar hingga 350°F dan lapik dua loyang kek cawan dengan pelapik kek cawan.

b) Dalam mangkuk besar, campurkan campuran kek vanila dengan 1 cawan Prosecco, minyak sayuran, telur, dan 1 sudu teh kulit oren.

c) Bakar kek cawan mengikut arahan pakej.

d) Biarkan kek cawan sejuk sepenuhnya sebelum dibekukan.

e) Sementara itu, sediakan pembekuan Prosecco: Dalam mangkuk besar, menggunakan pengadun tangan, pukul mentega lembut sehingga ringan dan gebu.

f) Masukkan 3 cawan gula tepung dan pukul sehingga tiada ketulan yang tinggal.

g) Campurkan baki ¼ cawan Prosecco, ekstrak vanila tulen, baki sudu teh kulit oren, dan secubit garam. Pukul sehingga sebati.

h) Masukkan baki 1 cawan gula tepung dan pukul sehingga frosting ringan dan gebu.
i) Bekukan kek cawan yang telah disejukkan dengan spatula offset.
j) Hiaskan setiap kek cawan dengan taburan gula pasir emas dan baji oren kecil.

55. Kek Prosecco Oren Darah

BAHAN-BAHAN:
- 1 ½ cawan (3 batang) mentega tanpa garam, suhu bilik
- 2 ¾ cawan gula pasir
- 5 biji telur besar, suhu bilik
- 3 cawan tepung kek yang diayak
- ½ sudu teh garam
- 1 cawan merah jambu Moscato atau Prosecco
- 3 sudu besar kulit oren
- 1 sudu besar ekstrak vanila tulen

SIRAP MUDAH:
- ½ cawan Moscato atau Prosecco merah jambu
- ½ cawan gula pasir
- ¼ cawan jus oren darah segar

GLAZE OREN:
- 1 ½ cawan gula manisan
- 3 sudu besar jus oren darah segar

ARAHAN:
a) Panaskan ketuhar hingga 315 darjah F. Semburkan loyang Bundt 10 cawan dengan semburan pembakar nonstick.

b) Dalam mangkuk pengadun berdiri, satukan gula dengan kulit oren. Sapu perahan ke dalam gula hingga naik bau.

c) Masukkan mentega dan garam ke dalam mangkuk dan krim bersama gula. Pukul dengan sederhana tinggi selama 7 minit sehingga mentega menjadi kuning pucat dan gebu.

d) Masukkan telur satu persatu, gaul rata selepas setiap penambahan dan kikis bahagian tepi mangkuk mengikut keperluan.

e) Kurangkan kelajuan ke rendah dan perlahan-lahan masukkan tepung dalam dua kelompok, gaul sehingga sebati. Jangan overmix.

f) Tuangkan Moscato dan gaul sehingga sebati.

g) Tuangkan adunan ke dalam loyang yang telah disediakan dan bakar selama 70-80 minit, atau sehingga pencungkil gigi yang dimasukkan ke dalam bahagian tengah kek keluar bersih.

h) Biarkan kek sejuk di dalam kuali selama sekurang-kurangnya 10 minit sebelum terbalikkan ke dalam pinggan hidangan. Sedikit sejuk ke suhu bilik.

Untuk Sirap Mudah:

i) Dalam set periuk kecil di atas api sederhana, satukan semua bahan dan masak dengan api sederhana tinggi.

j) Kurangkan campuran kira-kira satu pertiga sehingga pekat, kira-kira 5 minit.

k) Keluarkan dari haba dan biarkan ia sejuk sepenuhnya.

UNTUK GLAZE:

l) Dalam mangkuk kecil, pukul bersama semua bahan sehingga boleh dituang.

m) Untuk memasang kek:

n) Cucuk lubang di seluruh kek yang telah disejukkan dengan lidi atau garfu.

o) Tuangkan sirap ringkas ke atas kek supaya ia meresap. Ulangi jika mahu.

p) Akhir sekali, taburkan sayu di atas kek dan biarkan selama 10 minit.

q) Nikmati Kek Prosecco Oren Darah yang menarik ini, sesuai untuk perayaan atau sebarang majlis khas!

56. Prosecco Mousse

BAHAN-BAHAN:
- 1 cawan krim berat
- $\frac{1}{4}$ cawan gula tepung
- $\frac{1}{4}$ cawan Prosecco
- $\frac{1}{4}$ cawan jus oren segar
- 1 sudu besar kulit oren
- Segmen oren segar untuk hiasan

ARAHAN:

a) Dalam mangkuk adunan yang sejuk, pukul krim kental sehingga soft peak terbentuk.

b) Masukkan gula tepung, Prosecco, dan jus oren segar secara beransur-ansur ke dalam krim putar sambil terus memecut.

c) Masukkan kulit oren perlahan-lahan.

d) Pindahkan mousse Prosecco ke gelas atau mangkuk hidangan.

e) Sejukkan sekurang-kurangnya 2 jam untuk ditetapkan.

f) Hiaskan setiap hidangan dengan bahagian oren segar sebelum dihidangkan.

57. Bar Kek Keju Prosecco

BAHAN-BAHAN:
UNTUK KERAK:
- 1 ½ cawan serbuk keropok graham
- ¼ cawan gula pasir
- ½ cawan mentega tanpa garam, cair

UNTUK PENGISIAN KEK KEJU:
- 16 auns krim keju, dilembutkan
- 1 cawan gula pasir
- ¼ cawan krim masam
- ¼ cawan Prosecco
- ¼ cawan jus oren segar
- 1 sudu besar kulit oren
- 3 biji telur besar
- 1 sudu teh ekstrak vanila

ARAHAN:

a) Panaskan ketuhar anda pada suhu 325°F (160°C) dan alaskan loyang 9x9 inci dengan kertas parchment, biarkan tidak terjual di bahagian tepi.

b) Dalam mangkuk sederhana, satukan serbuk keropok graham, gula pasir dan mentega cair.

c) Tekan adunan ke bahagian bawah loyang yang disediakan untuk membentuk kerak.

d) Dalam mangkuk adunan besar, pukul keju krim lembut dan gula pasir sehingga licin dan berkrim.

e) Masukkan krim masam, Prosecco, jus oren segar, dan kulit oren, gaul sehingga sebati.

f) Pukul telur satu persatu, kemudian masukkan esen vanila dan gaul hingga rata.

g) Tuangkan inti kek keju ke atas kerak dalam loyang.

h) Bakar dalam ketuhar yang telah dipanaskan selama 40-45 minit atau sehingga tepi ditetapkan dan bahagian tengahnya sedikit bergoyang.

i) Biarkan bar kek keju sejuk sepenuhnya di dalam kuali, kemudian sejukkan selama sekurang-kurangnya 4 jam sebelum dipotong menjadi empat segi dan dihidangkan.

58. Kek Gulung Prosecco

BAHAN-BAHAN:
UNTUK KEK SPAN:
- 4 biji telur besar, diasingkan
- ¾ cawan gula pasir, dibahagikan
- ¼ cawan Prosecco
- ¼ cawan jus oren segar
- 1 sudu besar kulit oren
- 1 cawan tepung kek
- 1 sudu teh serbuk penaik
- Secubit garam

UNTUK PENGISIAN:
- 1 cawan krim berat
- ¼ cawan gula tepung
- ¼ cawan Prosecco
- 1 sudu teh ekstrak vanila
- Segmen oren segar untuk hiasan
- Gula serbuk untuk habuk

ARAHAN:
UNTUK KEK SPAN:
a) Panaskan ketuhar anda hingga 350°F (175°C) dan griskan loyang jeli 10x15 inci. Lapik kuali dengan kertas parchment, tinggalkan bahagian tepi.

b) Dalam mangkuk adunan besar, pukul kuning telur dengan ½ cawan gula pasir sehingga ringan dan gebu.

c) Masukkan Prosecco, jus oren segar, dan kulit oren sehingga sebati.

d) Dalam mangkuk yang berasingan, pukul bersama tepung kek, serbuk penaik, dan garam.

e) Masukkan bahan kering sedikit demi sedikit ke dalam bahan basah, kacau hingga adunan sebati.

f) Dalam mangkuk bersih yang lain, pukul putih telur sehingga berbuih, kemudian masukkan baki ¼ cawan gula pasir secara beransur-ansur sambil terus memukul.

g) Pukul putih telur sehingga stiff peak terbentuk.

h) Masukkan putih telur yang telah dipukul perlahan-lahan ke dalam adunan kek sehingga sebati sepenuhnya.

i) Tuangkan adunan ke dalam loyang jeli yang telah disediakan dan ratakan.

j) Bakar dalam ketuhar yang telah dipanaskan selama 12-15 minit atau sehingga kek tumbuh semula apabila disentuh ringan.

k) Semasa kek masih suam, angkat keluar dari kuali dengan berhati-hati menggunakan kertas parchment dan pindahkan ke permukaan yang bersih.

l) Gulungkan kek hangat dengan ketat, bermula dari hujung pendek, menggunakan kertas parchment untuk membantu. Biarkan ia sejuk sepenuhnya dalam bentuk bergulung.

UNTUK PENGISIAN:

m) Dalam mangkuk adunan yang sejuk, pukul krim kental sehingga soft peak terbentuk.

n) Masukkan gula tepung, Prosecco, dan ekstrak vanila secara beransur-ansur ke dalam krim putar sambil terus mencambuk.

o) Buka gulungan kek yang telah disejukkan dengan perlahan dan ratakan inti krim Prosecco di atas permukaan.

p) Gulungkan kek semula, kali ini tanpa kertas minyak, dan pindahkan ke pinggan hidangan.

q) Hiaskan dengan segmen oren segar dan taburkan dengan gula tepung.

r) Potong gulungan kek Prosecco menjadi kepingan dan hidangkan.

59. Popsikel Prosecco

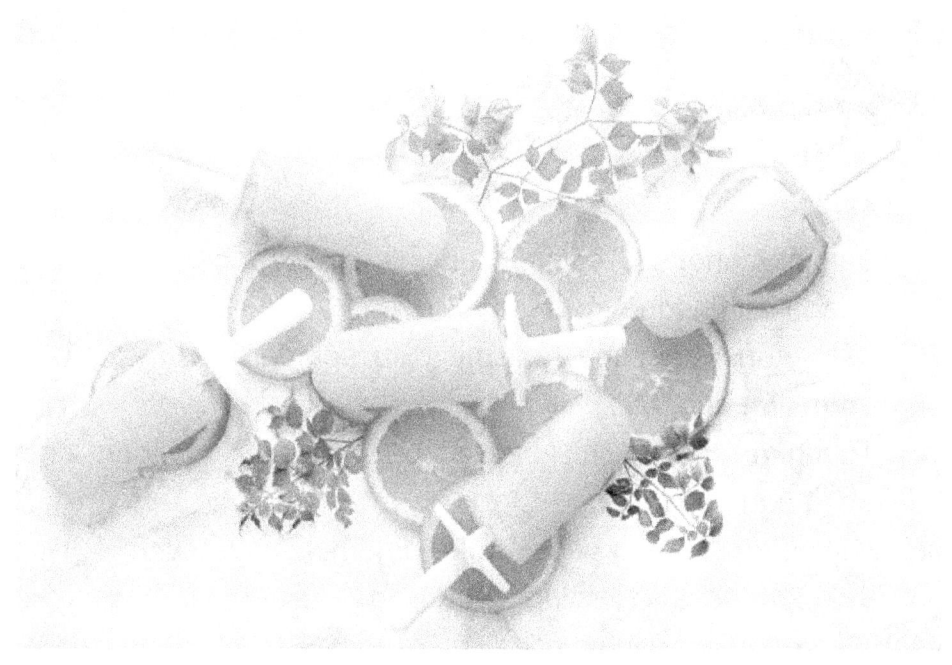

BAHAN-BAHAN:
- 1 cawan jus oren segar
- $\frac{1}{2}$ cawan Prosecco
- 2 sudu besar madu (sesuai selera)
- Potongan atau bahagian oren segar

ARAHAN:

a) Dalam mangkuk, campurkan jus oren segar, Prosecco, dan madu sehingga sebati.

b) Letakkan beberapa hirisan atau segmen oren segar ke dalam acuan popsicle.

c) Tuangkan campuran Prosecco ke atas kepingan oren dalam acuan popsicle.

d) Masukkan batang popsicle ke dalam setiap acuan.

e) Bekukan popsikel selama sekurang-kurangnya 4 jam atau sehingga set sepenuhnya.

f) Keluarkan popsikel perlahan-lahan dari acuan dan nikmati pencuci mulut yang diilhamkan oleh Prosecco yang berais dan menyegarkan ini.

60. Prosecco Granita

BAHAN-BAHAN:
- ½ cawan Gula
- 1 ¼ cawan Prosecco
- 1 sudu besar jus limau nipis
- 1 cawan jus oren yang baru diperah

ARAHAN:
a) Dalam mangkuk besar, pukul bersama jus oren dan gula sehingga gula larut sepenuhnya.
b) Kacau dalam Prosecco dan jus limau, menghasilkan campuran Prosecco yang menarik.
c) Tuang adunan ke dalam dua dulang kiub ais dan masukkan ke dalam peti sejuk beku.
d) Biarkan campuran membeku sehingga padat, yang biasanya mengambil masa sekurang-kurangnya 2 jam. Untuk kegunaan kemudian, anda boleh memindahkan kiub beku ke dalam beg plastik berkunci zip dan menyimpannya di dalam peti sejuk sehingga 1 minggu.
e) Sebelum dihidangkan, ambil satu lapisan kiub beku dan letakkannya di dalam mangkuk pemproses makanan yang dipasang dengan bilah keluli.
f) Denyutkan campuran dalam pemproses makanan kira-kira 10 atau 12 kali, atau sehingga tiada ketulan besar ais yang tinggal, mencipta tekstur granita yang cantik.
g) Cedok kristal Prosecco ke dalam mangkuk individu, sedia untuk dinikmati dan dinikmati.
h) Jika anda memerlukan lebih banyak hidangan, ulangi proses dengan kiub ais yang tinggal.
i) Hidangkan Prosecco Granita dengan segera, nikmati rasa buahnya yang menyegarkan dan berbuah.

j) Granita yang menarik ini adalah hidangan yang sempurna untuk menyejukkan badan pada hari-hari panas atau sebagai cara yang menyeronokkan untuk meraikan detik-detik istimewa. Selamat mencuba!'

61. Pic dan Beri di Prosecco

BAHAN-BAHAN:
- 2 paun Pic, sebaik-baiknya varieti berdaging putih aromatik
- 2/3 cawan gula pasir
- 1 1/2 cawan Prosecco atau wain putih yang muda, buah, kering
- 1/2 pain Raspberi
- 1/2 pain Blueberry
- Serbuk 1 Lemon

ARAHAN:
a) Mulakan dengan membasuh pic, mengupasnya, mengeluarkan lubang, dan menghirisnya menjadi kepingan tebal kira-kira 1/4 inci. Letakkan pic yang dihiris dalam mangkuk hidangan.

b) Masukkan gula pasir dan wain putih (Prosecco atau wain putih kering yang serupa) ke dalam mangkuk dengan pic. Kacau sebati untuk sebati.

c) Basuh raspberi dan beri biru dan masukkannya perlahan-lahan ke dalam mangkuk dengan pic dan campuran wain.

d) Parut kulit nipis kuning daripada separuh lemon, berhati-hati agar tidak memasukkan empulur putih yang pahit. Masukkan kulit limau ke dalam mangkuk.

e) Campurkan kandungan mangkuk perlahan-lahan dengan memusingkannya beberapa kali.

f) Sejukkan campuran buah-buahan selama sekurang-kurangnya 1 jam sebelum dihidangkan, atau sediakannya lebih awal, walaupun seawal pagi hari anda bercadang untuk menghidangkannya. Nikmati!

62. Pear Rebus Prosecco

BAHAN-BAHAN:
- 4 buah pir masak
- 1 botol Prosecco
- 1 cawan gula pasir
- 1 biji vanila (dibelah dan dikikis)

ARAHAN:
a) Kupas pir, biarkan batangnya utuh.
b) Dalam periuk besar, gabungkan Prosecco, gula, dan biji vanila yang dikikis.
c) Masukkan pear ke dalam periuk dan biarkan adunan mendidih perlahan.
d) Rebus pir selama kira-kira 20-25 minit, atau sehingga ia lembut tetapi tidak lembek.
e) Keluarkan pir dan biarkan ia sejuk. Teruskan mereneh cecair pemburuan sehingga ia pekat menjadi sirap.
f) Hidangkan pir dengan sirap Prosecco.

63. Prosecco Berry Parfait

BAHAN-BAHAN:
- 1 cawan beri campuran (strawberi, beri biru, raspberi)
- 1 cawan Prosecco
- 1 cawan yogurt Yunani
- 2 sudu besar madu

ARAHAN:

a) Campurkan beri dan Prosecco dalam mangkuk, biarkan mereka berendam selama kira-kira 15 minit.

b) Dalam menghidangkan gelas, sapukan buah beri yang direndam Prosecco dengan yogurt Yunani.

c) Siramkan madu ke atas.

d) Ulangi lapisan, berakhir dengan gerimis madu.

64. Prosecco dan Jeli Raspberi

BAHAN-BAHAN:
- 1 1/2 cawan Prosecco
- 1/2 cawan air
- 1/2 cawan gula pasir
- 2 sudu besar gelatin raspberi
- Raspberi segar untuk hiasan

ARAHAN:

a) Dalam periuk, panaskan Prosecco, air, dan gula sehingga gula larut.

b) Keluarkan dari api dan kacau dalam gelatin raspberi.

c) Tuangkan adunan ke dalam gelas atau acuan hidangan individu.

d) Sejukkan dalam peti sejuk sehingga set (biasanya beberapa jam atau semalaman).

e) Hiaskan dengan raspberi segar sebelum dihidangkan.

65. Prosecco dan Lemon Posset

BAHAN-BAHAN:
- 2 cawan Prosecco
- 1 cawan krim berat
- 1 cawan gula pasir
- Perahan dan jus 2 biji lemon

ARAHAN:

a) Dalam periuk, satukan Prosecco, krim kental dan gula. Panaskan, kacau, sehingga gula larut.

b) Masukkan kulit lemon dan jus, kemudian reneh selama 5 minit.

c) Tuangkan adunan ke dalam gelas hidangan dan sejukkan selama beberapa jam sehingga set.

d) Hiaskan dengan sedikit perahan limau nipis sebelum dihidangkan.

66. Tiramisu Prosecco

BAHAN-BAHAN:
- 1 cawan Prosecco
- 3 biji kuning telur besar
- 1/2 cawan gula pasir
- 1 cawan keju mascarpone
- 1 cawan krim berat
- 1 sudu kecil ekstrak vanila
- 1 pakej ladyfingers
- Serbuk koko untuk habuk
- Espresso (pilihan)

ARAHAN:

a) Dalam mangkuk, pukul bersama kuning telur dan gula sehingga pekat dan pucat.

b) Masukkan keju mascarpone hingga rata.

c) Dalam mangkuk yang berasingan, pukul krim kental dan ekstrak vanila sehingga puncak kaku terbentuk.

d) Masukkan krim putar perlahan-lahan ke dalam adunan mascarpone.

e) Celupkan ladyfingers ke dalam Prosecco (dan espresso jika mahu) dan masukkan ke dalam hidangan hidangan.

f) Sapukan lapisan campuran mascarpone ke atas jari wanita.

g) Ulangi lapisan ladyfinger dan mascarpone, selesaikan dengan lapisan mascarpone di atas.

h) Sejukkan selama beberapa jam atau semalaman.

i) Sebelum dihidangkan, taburkan dengan serbuk koko.

PERUBAHAN

67. Prosecco dan Peach Salsa

BAHAN-BAHAN:
- 2 biji pic masak, potong dadu
- ¼ cawan bawang merah, dicincang halus
- ¼ cawan ketumbar segar, dicincang
- Jus 1 biji limau purut
- ¼ cawan Prosecco
- Garam dan lada sulah secukup rasa
- Kerepek tortilla untuk dihidangkan

ARAHAN:
a) Dalam mangkuk, satukan pic potong dadu, bawang merah, ketumbar, jus limau nipis dan Prosecco.
b) Perasakan dengan garam dan lada sulah secukup rasa.
c) Gaul rata untuk menggabungkan semua rasa.
d) Biarkan salsa duduk selama kira-kira 15 minit untuk membolehkan rasa bercampur.
e) Hidangkan Prosecco dan salsa pic dengan kerepek tortilla untuk snek yang menyegarkan dan berbuah.

68. Jeli Prosecco

BAHAN-BAHAN:
- 2 cawan Prosecco
- 1 cawan gula
- 1 paket (kira-kira 1.75 oz) serbuk pektin buah
- Jus lemon (pilihan, untuk keasidan)

ARAHAN:

a) Dalam periuk besar, gabungkan Prosecco dan gula.

b) Kacau dengan api sederhana sehingga gula larut.

c) Masukkan serbuk pektin buah dan kacau hingga sebati.

d) Bawa campuran sehingga mendidih dan masak selama kira-kira 1 minit, kacau sentiasa.

e) Keluarkan periuk dari api dan keluarkan buih yang mungkin terbentuk.

f) Jika mahu, tambahkan perahan jus lemon untuk keasidan.

g) Tuangkan jeli Prosecco ke dalam balang yang disterilkan dan biarkan ia sejuk pada suhu bilik.

h) Sejukkan agar-agar sehingga set.

i) Sapukan pada roti bakar, hidangkan dengan keju, atau gunakannya sebagai sayu untuk daging atau sayur-sayuran panggang.

69. Mustard Prosecco

BAHAN-BAHAN:
- $\frac{1}{4}$ cawan biji sawi kuning
- $\frac{1}{4}$ cawan biji sawi coklat
- $\frac{1}{2}$ cawan Prosecco
- $\frac{1}{4}$ cawan cuka wain putih
- 1 sudu besar madu
- $\frac{1}{2}$ sudu teh garam

ARAHAN:
a) Dalam mangkuk, satukan biji sawi kuning dan coklat.
b) Dalam mangkuk yang berasingan, campurkan Prosecco, cuka wain putih, madu, dan garam.
c) Tuangkan campuran Prosecco ke atas biji sawi dan kacau hingga sebati.
d) Biarkan campuran berada pada suhu bilik selama kira-kira 24 jam, kacau sekali-sekala.
e) Pindahkan adunan ke dalam pengisar atau pemproses makanan dan kisar sehingga konsistensi yang diingini dicapai.
f) Simpan mustard Prosecco dalam bekas kedap udara di dalam peti sejuk.
g) Gunakannya sebagai perasa untuk sandwic, burger, atau sebagai sos pencicah untuk pretzel dan makanan ringan.

70. Mentega Prosecco

BAHAN-BAHAN:
- ½ cawan mentega tanpa garam, dilembutkan
- 2 sudu besar Prosecco
- 1 sudu kecil kulit lemon
- ½ sudu teh garam

ARAHAN:

a) Dalam mangkuk, satukan mentega lembut, Prosecco, kulit limau dan garam.

b) Kacau atau pukul sehingga sebati dan rata.

c) Pindahkan mentega Prosecco ke dalam bekas kecil atau bentukkannya menjadi log menggunakan bungkus plastik.

d) Sejukkan sehingga padat.

e) Gunakan mentega Prosecco ke atas stik panggang, cairkan di atas sayur-sayuran panggang, atau sapukan pada roti segar.

71. Prosecco Lemon Curd

BAHAN-BAHAN:
- Perahan 3 biji lemon
- 1 cawan jus lemon yang baru diperah (kira-kira 4-5 biji lemon)
- 1 cawan gula pasir
- 4 biji telur besar
- $\frac{1}{2}$ cawan mentega tanpa garam, potong dadu
- $\frac{1}{4}$ cawan Prosecco

ARAHAN:
a) Dalam mangkuk tahan panas, pukul bersama kulit limau, jus lemon, gula dan telur sehingga sebati.
b) Letakkan mangkuk di atas periuk air mendidih, pastikan bahagian bawah mangkuk tidak menyentuh air. Ini mewujudkan persediaan dandang berganda.
c) Masak adunan, kacau sentiasa menggunakan whisk atau sudu kayu, sehingga ia pekat dan menyaluti bahagian belakang sudu. Proses ini biasanya mengambil masa kira-kira 10-15 minit.
d) Apabila adunan telah pekat, keluarkan mangkuk dari api.
e) Masukkan mentega kiub ke dalam dadih dan kacau sehingga mentega cair dan sebati sepenuhnya.
f) Kacau Prosecco sehingga sebati.
g) Biarkan dadih sejuk selama beberapa minit, kemudian pindahkan ke dalam balang bersih atau bekas kedap udara.
h) Tutup balang atau bekas dengan penutup atau bungkus plastik, pastikan ia terus menyentuh permukaan dadih untuk mengelakkan kulit daripada terbentuk.
i) Sejukkan Prosecco Lemon Curd selama sekurang-kurangnya 2 jam, atau sehingga ia sejuk dan set.

j) Dadih boleh disimpan di dalam peti sejuk sehingga 2 minggu.

72. Prosecco Aioli

BAHAN-BAHAN:
- ½ cawan mayonis
- 1 sudu besar Prosecco
- Perahan dan jus 1 lemon
- 1 ulas bawang putih, dikisar
- Garam dan lada sulah secukup rasa

ARAHAN:
a) Dalam mangkuk kecil, pukul bersama mayonis, Prosecco, kulit lemon, jus lemon, bawang putih cincang, garam dan lada.

b) Rasa dan sesuaikan perasa jika perlu.

c) Tutup mangkuk dan sejukkan Prosecco aioli selama sekurang-kurangnya 30 minit untuk membolehkan rasa bercampur.

d) Hidangkan aioli sebagai sos pencicah yang lazat untuk kentang goreng, sapukan pada sandwic, atau gunakannya sebagai topping berkrim untuk burger atau sayuran panggang.

73. Mustard Madu Prosecco

BAHAN-BAHAN:
- ¼ cawan mustard Dijon
- 2 sudu besar madu
- 2 sudu besar Prosecco
- Perahan dan jus 1 lemon
- Garam dan lada sulah secukup rasa

ARAHAN:

a) Dalam mangkuk, pukul bersama mustard Dijon, madu, Prosecco, kulit limau, jus lemon, garam dan lada.

b) Rasa dan sesuaikan perasa jika mahu.

c) Tutup mangkuk dan sejukkan mustard madu Prosecco selama sekurang-kurangnya 30 minit sebelum digunakan.

d) Gunakan mustard madu sebagai perasa perisa untuk sandwic, dan burger, atau sebagai sos pencicah untuk tender ayam atau pretzel.

74. Mentega Herba Prosecco

BAHAN-BAHAN:
- ½ cawan mentega tanpa garam, dilembutkan
- 1 sudu besar Prosecco
- 1 sudu besar herba segar yang dicincang (seperti pasli, thyme, atau basil)
- Perahan 1 lemon
- Garam dan lada sulah secukup rasa

ARAHAN:

a) Dalam mangkuk, satukan mentega lembut, Prosecco, herba segar yang dicincang, kulit lemon, garam dan lada sulah. Gaul rata untuk memasukkan semua bahan.

b) Pindahkan mentega berperisa ke atas lembaran pembalut plastik dan bentukkannya menjadi log atau balut rapat-rapat dalam bungkus plastik.

c) Sejukkan mentega herba Prosecco selama sekurang-kurangnya 1 jam untuk membenarkan ia menjadi pejal dan rasa bercampur.

d) Potong mentega menjadi bulat atau gunakannya sebagai sapuan untuk roti, gulung atau daging panggang dan sayur-sayuran. Mentega yang diselitkan herba menambah sentuhan pedas dan aromatik yang menarik pada hidangan anda.

75. Prosecco Salsa Verde

BAHAN-BAHAN:
- 1 cawan daun pasli segar, dicincang
- $\frac{1}{4}$ cawan daun selasih segar, dicincang
- 2 sudu besar caper, toskan dan cincang
- 2 ulas bawang putih, dikisar
- 2 sudu besar bawang merah dicincang halus
- 2 sudu besar Prosecco
- Perahan dan jus 1 lemon
- $\frac{1}{4}$ cawan minyak zaitun
- Garam dan lada sulah secukup rasa

ARAHAN:

a) Dalam mangkuk, satukan pasli cincang, basil, caper, bawang putih cincang, bawang merah, Prosecco, kulit limau, jus lemon, minyak zaitun, garam dan lada.

b) Kacau rata hingga sebati semua bahan.

c) Rasa dan sesuaikan perasa jika perlu.

d) Biarkan Prosecco salsa Verde duduk selama sekurang-kurangnya 15-30 minit untuk membolehkan rasa bercampur.

e) Hidangkan salsa verde sebagai perasa pedas untuk ikan bakar, atau sayur-sayuran panggang, atau gunakannya sebagai saus berperisa untuk salad.

KOKTEL

76. Aperol Spritz

BAHAN-BAHAN:
- 3 auns prosecco
- 2 auns Aperol
- Soda kelab 1 auns
- Hiasan: hirisan oren

ARAHAN:

a) Dalam gelas wain yang diisi dengan ais, pukul bersama prosecco, Aperol, dan soda kelab.

b) Masukkan hirisan oren sebagai hiasan.

77. Prosecco dan Jus Oren Mimosas

BAHAN-BAHAN:
- 1 botol Prosecco
- 2 cawan jus oren
- Hirisan oren untuk hiasan

ARAHAN:

a) Isi seruling champagne separuh jalan dengan Prosecco sejuk.

b) Tutup gelas dengan jus oren.

c) Hiaskan setiap gelas dengan kepingan oren.

d) Hidangkan segera dan nikmati Prosecco mimosa yang menyegarkan.

78. Hibiscus Spritz

BAHAN-BAHAN:
- 2 auns prosecco atau wain berkilauan
- 1-auns sirap bunga raya
- ½ auns minuman keras bunga tua
- Kelab Soda
- Hirisan lemon atau bunga yang boleh dimakan untuk hiasan
- kiub ais

ARAHAN:
a) Isikan gelas wain dengan kiub ais.
b) Tambah sirap bunga raya dan minuman keras elderflower ke dalam gelas.
c) Kacau perlahan-lahan untuk menggabungkan rasa.
d) Hiaskan gelas dengan prosecco atau wain berkilauan.
e) Tambah percikan soda kelab untuk kemasan berbuih.
f) Hiaskan dengan hirisan lemon atau bunga yang boleh dimakan.
g) Kacau perlahan-lahan sebelum diteguk.
h) Nikmatilah Hibiscus Spritz yang berbuih dan berbunga.

79. Champagne Mules

BAHAN-BAHAN:
- 2 auns ml vodka
- 2 auns jus limau nipis segar
- 4 auns bir halia
- Prosecco sejuk, untuk topping
- Baji limau nipis, untuk dihidangkan
- Pudina, untuk dihidangkan

ARAHAN:
a) Tuang vodka dan jus limau segar ke dalam dua gelas, kemudian letakkan setiap gelas dengan bir halia.

b) Tuangkan prosecco kemudian hiaskan dengan limau nipis dan pudina.

c) Hidangkan sejuk.

80. Hugo

BAHAN-BAHAN:
- 15 cl Prosecco, sejuk
- 2 cl sirap elderberry, atau sirap balsem lemon
- sepasang daun pudina
- 1 jus lemon yang baru diperah, atau jus limau
- 3 ketul ais
- air mineral berkilauan atau air soda
- hiris lemon, atau limau nipis untuk hiasan kaca atau sebagai hiasan

ARAHAN:
a) Masukkan kiub ais, sirap dan daun pudina ke dalam gelas wain merah.

b) Tuangkan jus lemon atau limau nipis yang baru diperah ke dalam gelas. Letakkan sepotong lemon atau limau di dalam gelas dan tambah Prosecco sejuk.

c) Selepas beberapa saat, tambahkan percikan air mineral berkilauan.

81. Prosecco Mojito

BAHAN-BAHAN:
- 1 oz rum putih
- ½ oz jus limau nipis segar
- ½ oz sirap ringkas
- 6-8 helai daun pudina segar
- Prosecco, sejuk
- Biji limau nipis untuk hiasan
- Tangkai pudina untuk hiasan

ARAHAN:
a) Dalam shaker koktel, kacau daun pudina segar dengan jus limau nipis dan sirap ringkas.
b) Masukkan rum putih dan isikan shaker dengan ais.
c) Goncang dengan baik untuk menggabungkan.
d) Tapis adunan tadi ke dalam gelas berisi ais.
e) Teratas dengan Prosecco sejuk.
f) Hiaskan dengan hirisan limau nipis dan tangkai pudina.
g) Kacau perlahan-lahan dan nikmati Prosecco Mojito yang menyegarkan.

82. Sgroppino

BAHAN-BAHAN:
- 4 oz. vodka
- 8 oz. Prosecco
- 1 kelompok sorbet lemon
- Hiasan Pilihan
- kulit limau
- hirisan lemon
- putar lemon
- daun pudina segar
- daun selasih segar

ARAHAN:
a) Dalam pengisar, satukan tiga bahan pertama.
b) Proses sehingga halus dan sebati.
c) Hidangkan dalam seruling champagne atau gelas wain.

83. Prosecco Bellini

BAHAN-BAHAN:
- 2 oz pic puri atau pic nektar
- Prosecco, sejuk
- Hirisan pic untuk hiasan

ARAHAN:
a) Tuangkan puri pic atau nektar pic ke dalam seruling champagne yang sejuk.
b) Teratas dengan Prosecco sejuk, mengisi gelas.
c) Kacau perlahan untuk sebati.
d) Hiaskan dengan hirisan pic segar.
e) Nikmati dan nikmati Prosecco Bellini yang klasik dan elegan.

84. Prosecco Margarita

BAHAN-BAHAN:
- 1½ auns tequila perak
- 1 oz jus limau nipis segar
- 1 oz sirap ringkas
- ½ oz minuman keras oren (seperti triple sec)
- Prosecco, sejuk
- Biji limau nipis untuk hiasan
- Garam atau gula untuk rimming (pilihan)

ARAHAN:
a) Jika dikehendaki, rim gelas dengan garam atau gula dengan mencelupkan rim dalam jus limau dan kemudian garam atau gula.

b) Dalam shaker koktel, gabungkan tequila, jus limau nipis, sirap ringkas dan minuman keras oren.

c) Isi shaker dengan ais dan goncang dengan kuat.

d) Tapis adunan tadi ke dalam gelas berisi ais.

e) Teratas dengan Prosecco sejuk.

f) Hiaskan dengan hirisan limau nipis.

g) Kacau perlahan-lahan dan nikmati Prosecco Margarita yang berkilauan.

85. Prosecco Halia Fizz

BAHAN-BAHAN:
- 2 oz minuman keras halia
- ½ oz jus limau nipis segar
- ½ oz sirap ringkas
- Prosecco, sejuk
- Halia terhablur untuk hiasan

ARAHAN:
a) Dalam shaker koktel, gabungkan minuman keras halia, jus limau nipis dan sirap ringkas.
b) Isi shaker dengan ais dan goncang dengan baik.
c) Tapis adunan tadi ke dalam gelas berisi ais.
d) Teratas dengan Prosecco sejuk.
e) Hiaskan dengan sekeping halia hablur.
f) Kacau perlahan-lahan dan nikmati Prosecco Ginger Fizz yang berkilauan.

86. Prosecco Perancis 75

BAHAN-BAHAN:
- 1 oz gin
- $\frac{1}{2}$ oz jus lemon segar
- $\frac{1}{2}$ oz sirap ringkas
- Prosecco, sejuk
- Lemon twist untuk hiasan

ARAHAN:
a) Dalam shaker koktel, gabungkan gin, jus lemon dan sirap ringkas.
b) Isi shaker dengan ais dan goncang dengan baik.
c) Tapis adunan ke dalam seruling champagne.
d) Teratas dengan Prosecco sejuk.
e) Hiaskan dengan sentuhan lemon.
f) Teguk dan nikmati Prosecco French 75 yang klasik dan membara.

87. Pukulan Delima Prosecco

BAHAN-BAHAN:
- 2 cawan jus delima
- 1 cawan jus oren
- $\frac{1}{2}$ cawan jus kranberi
- $\frac{1}{4}$ cawan jus limau nipis segar
- 2 sudu besar sirap agave atau madu
- Prosecco, sejuk
- Biji delima dan hirisan limau nipis untuk hiasan

ARAHAN:

a) Dalam periuk, satukan jus delima, jus oren, jus kranberi, jus limau dan sirap agave atau madu.

b) Kacau sehingga sebati dan pemanis telah larut.

c) Masukkan Prosecco sejuk ke dalam periuk dan kacau perlahan-lahan.

d) Isi gelas dengan ais dan tuangkan tumbukan delima Prosecco ke atas ais.

e) Hiaskan dengan biji delima dan hirisan limau nipis.

f) Teguk dan nikmati buah-buahan dan perahan Prosecco Pomegranate Punch.

88. Koktel Ruby dan Rosemary Prosecco

BAHAN-BAHAN:
- 1 tangkai rosemary segar
- 1 auns jus limau gedang ruby
- ½ auns sirap ringkas rosemary (resipi di bawah)
- Prosecco sejuk atau mana-mana wain putih berkilauan
- Hirisan limau gedang ruby atau tangkai rosemary untuk hiasan

UNTUK SIRAP SIMPLE ROSEMARY:
- ½ cawan air
- ½ cawan gula pasir
- 2 tangkai rosemary segar

ARAHAN:

a) Sediakan sirap ringkas rosemary dengan menggabungkan air, gula, dan tangkai rosemary dalam periuk kecil. Biarkan adunan mendidih dengan api sederhana, kacau sekali-sekala sehingga gula larut sepenuhnya.

b) Keluarkan periuk dari api dan biarkan rosemary meresap dalam sirap selama kira-kira 10 minit. Kemudian, tapis tangkai rosemary dan biarkan sirap mudah sejuk.

c) Dalam shaker koktel, kacau tangkai rosemary segar dengan lembut untuk mengeluarkan aromanya.

d) Tambah jus limau gedang delima dan sirap ringkas rosemary ke dalam shaker. Isi shaker dengan ais.

e) Goncang campuran dengan kuat selama kira-kira 15-20 saat untuk menyejukkan bahan.

f) Tapis koktel ke dalam gelas atau seruling sejuk.

g) Hiaskan koktel dengan Prosecco sejuk, biarkan ia bercampur perlahan dengan bahan-bahan lain.

h) Hiaskan minuman dengan sepotong limau gedang ruby atau setangkai rosemary segar.

i) Hidangkan Koktel Prosecco Ruby dan Rosemary dengan segera dan nikmatilah!

89. Prosecco Elderflower Cocktail

BAHAN-BAHAN:
- 1 oz minuman keras elderflower (seperti St-Germain)
- ½ oz jus lemon segar
- Prosecco, sejuk
- Bunga yang boleh dimakan untuk hiasan (pilihan)

ARAHAN:
a) Isikan gelas wain dengan kiub ais.
b) Tambah minuman keras elderflower dan jus lemon segar.
c) Teratas dengan Prosecco sejuk.
d) Kacau perlahan-lahan untuk sebati.
e) Hiaskan dengan bunga yang boleh dimakan, jika dikehendaki.
f) Teguk dan nikmati Koktel Prosecco Elderflower yang berbunga dan berbuih.

90. Koktel Grapefruit Merah Jambu

BAHAN-BAHAN:
- 1 cawan jus Grapefruit Merah Jambu yang baru diperah
- $\frac{1}{8}$ cawan minuman keras Raspberi
- 2 botol Prosecco manis
- 2 Grapefruit Merah Jambu, dihiris untuk hiasan
- Pudina segar untuk hiasan
- kiub ais

ARAHAN:

a) Dalam periuk, gabungkan jus limau gedang merah jambu yang baru diperah, minuman keras raspberi dan Prosecco manis.

b) Tambah dulang kiub ais untuk memastikan Prosecco sejuk.

c) Kacau adunan sebati untuk sebatikan rasa.

d) Tambah hirisan 1 limau gedang merah jambu dan segenggam pudina segar untuk meningkatkan aroma dan persembahan.

e) Untuk menghidangkan, tuangkan Prosecco ke dalam gelas dengan sepotong limau gedang merah jambu di sepanjang rim dan hiaskan dengan pudina segar.

f) Angkat segelas, roti bakar untuk makan tengah hari yang lazat, dan nikmatilah!

91. Prosecco Pineapple Sorbet Float

BAHAN-BAHAN:
SORBET NENAS:
- 2 auns jus nanas
- 4 auns sirap agave
- 16 auns nanas beku

PROSECCO + NENAS SORBET FLOAT:
- Sorbet nanas (daripada resipi di atas)
- Prosecco

ARAHAN:
SORBET NENAS:
a) Dalam pengisar, satukan jus nanas dan agave.
b) Masukkan kira-kira satu perempat daripada nanas beku dan nadi sehingga sebati.
c) Perlahan-lahan masukkan baki nanas beku, berdenyut dengan setiap penambahan. Matlamatnya adalah untuk mengekalkan konsistensi seperti smoothie beku.
d) Pindahkan adunan ke dalam bekas dan masukkan ke dalam peti sejuk beku untuk mengeras semalaman.

PROSECCO NENAS SORBET FLOAT:
e) Di bahagian bawah gelas, letakkan satu sudu sorbet nanas yang disediakan.
f) Buka sebotol Prosecco dan tuangkan ke atas sorbet di dalam gelas.
g) Jika dikehendaki, hiaskan terapung dengan hirisan nanas, daun pudina, atau bunga yang boleh dimakan.

92. Lemonade Raspberi Koktel

BAHAN-BAHAN:
- 3 auns Prosecco
- 3 auns air limau raspberi
- Taburan gula merah jambu atau merah
- 2-3 raspberi segar

ARAHAN:
a) Untuk membelek gelas: Tuangkan sedikit air limau raspberi ke atas pinggan atau mangkuk cetek. Lakukan perkara yang sama dengan taburan gula merah jambu atau merah pada pinggan berasingan.

b) Celupkan rim seruling Prosecco ke dalam air limau raspberi, pastikan untuk menyalut seluruh rim.

c) Kemudian, celupkan rim kaca yang bersalut ke dalam gula berwarna untuk mencipta rim gula hiasan.

d) Tuangkan limau raspberi dan Prosecco ke dalam gelas yang disediakan dan kacau perlahan-lahan untuk mencampurkan rasa.

e) Letakkan 2-3 raspberi segar ke dalam koktel untuk mendapatkan lebih banyak kebaikan buah.

f) Hidangkan Raspberry Lemonade Proseccos anda dan nikmati koktel yang menarik dan menyegarkan ini semasa makan tengah hari anda bersama gadis-gadis.

93. Sorbet Oren Koktel

BAHAN-BAHAN:
- 2 cawan jus oren segar
- $\frac{1}{2}$ cawan air
- $\frac{3}{4}$ cawan madu atau nektar agave, dilaraskan mengikut rasa
- Prosecco

ARAHAN:

a) Dalam mangkuk adunan, kacau bersama jus oren segar, air, dan madu (atau nektar agave) sehingga sebati.

b) Tuangkan adunan ke dalam pembuat aiskrim dan bekukan mengikut arahan pengilang. Sebagai alternatif, anda boleh menuang adunan ke dalam pinggan dan membekukannya di dalam peti sejuk anda sehingga ia mencapai konsistensi sorbet.

c) Setelah sorbet oren siap, cedok ke dalam gelas Prosecco.

d) Hiaskan sorbet dengan Prosecco.

94. Oren Darah Elderflower Koktel

BAHAN-BAHAN:
- 750 ml botol Prosecco
- 8 sudu teh tequila perak
- 8 sudu teh minuman keras elderflower
- ⅓ cawan jus oren darah yang baru diperah
- 1 oren darah, dihiris nipis untuk hiasan (pilihan)

ARAHAN:

a) Jika dikehendaki, letakkan kepingan nipis oren darah dalam setiap empat seruling Prosecco untuk hiasan yang elegan.

b) Tuangkan 2 sudu teh tequila perak ke dalam setiap seruling Prosecco, bahagikannya sama rata di antara mereka.

c) Seterusnya, tambahkan 2 sudu teh minuman keras elderflower kepada setiap seruling.

d) Sama-sama, bahagikan jus oren darah yang baru diperah di antara empat seruling Prosecco. Setiap seruling harus menerima sedikit di bawah 4 sudu teh jus.

e) Berhati-hati tuangkan Prosecco ke dalam setiap seruling, membenarkan buih mendap di antara tuangan. Isikan setiap gelas ke tepi dengan Prosecco.

f) Hidangkan Elderflower Blood Orange Prosecco dengan segera, dan nikmati gabungan perisa dan kemeriahan yang indah.

95. Prosecco dan Jus Oren Koktel

BAHAN-BAHAN:

- 1 botol Prosecco
- 2 cawan jus oren
- Hirisan oren untuk hiasan

ARAHAN:

e) Isi seruling Prosecco separuh jalan dengan Prosecco sejuk.

f) Tutup gelas dengan jus oren.

g) Hiaskan setiap gelas dengan kepingan oren.

h) Hidangkan segera dan nikmati Prosecco Prosecco yang menyegarkan.

96. Buah Markisa Koktel

BAHAN-BAHAN:
- 1 cawan Prosecco sejuk
- $\frac{1}{2}$ cawan nektar atau jus buah markisa sejuk

ARAHAN:
a) Bahagikan Prosecco sejuk sama rata antara dua gelas.
b) Hiaskan setiap minuman dengan nektar atau jus buah markisa yang telah disejukkan. Anda boleh menambah 3 hingga 4 sudu madu atau jus ke setiap gelas.
c) Kacau adunan perlahan-lahan untuk menggabungkan rasa.
d) Hidangkan Passion Fruit Prosecco dengan segera, nikmati rasa manis dan tropika markisa digabungkan dengan Prosecco yang berbuih.
e) Koktel eksotik dan menyegarkan ini sesuai untuk makan tengah hari istimewa, perayaan atau sekadar untuk menjamu diri anda dengan minuman yang lazat.
f) Nikmati rasa unik dan menarik dari Passion Fruit Proseccos ini! Cheers!

97. pic Koktel Prosecco

BAHAN-BAHAN:
- 2 cawan peach nectar, sejuk
- 1 ⅓ cawan jus oren, sejuk
- ⅔ cawan sirap Grenadine
- 1 botol Prosecco brut, sejuk

ARAHAN:
a) Dalam periuk besar, gabungkan nektar pic sejuk dan jus oren. Kacau rata untuk memastikan rasa bercampur.
b) Ambil 10 gelas Prosecco dan sudukan 1 sudu besar sirap grenadine ke dalam setiap gelas.
c) Tuangkan kira-kira ⅓ cawan campuran jus oren ke dalam setiap gelas Prosecco di atas sirap grenadine.
d) Akhir sekali, letakkan setiap gelas dengan Prosecco yang telah disejukkan, isikannya sehingga penuh.
e) Hidangkan Peach Prosecco dengan segera untuk menikmati kebaikan bergas dan buah-buahan.
f) Proseccos yang menarik ini sesuai untuk majlis perayaan, perhimpunan makan tengah hari atau bila-bila masa anda ingin menambahkan sentuhan manis pic pada hari anda.
g) Selamat menikmati kelazatan Peach Proseccos! Nikmati dengan penuh tanggungjawab dan nikmati gabungan perisa yang menarik.

98. Nenas Koktel Prosecco

BAHAN-BAHAN:
- Sebotol 750 mililiter Prosecco
- 2 cawan jus nanas
- $\frac{1}{2}$ cawan jus oren
- Hirisan oren, untuk dihidangkan
- Hirisan nanas, untuk dihidangkan

ARAHAN:
a) Satukan Prosecco, jus nanas dan jus oren.
b) Kacau sehingga sebati.
c) Isi gelas Prosecco dan tambah hirisan buah pada rim sebelum dihidangkan.

99. Prosecco Sangria

BAHAN-BAHAN:
- 3 cawan jus buah
- 3 cawan buah segar (dihiris atau dipotong dadu, jika perlu)
- ½ cawan minuman keras buah (seperti Cointreau, Grand Marnier, atau Chambord)
- 1 botol Prosecco kering, sejuk

ARAHAN:
a) Satukan jus, buah, dan minuman keras dalam balang besar (atau periuk, jika dihidangkan daripada satu) dan biarkan perisa bercampur selama sekurang-kurangnya 1 jam.
b) Jika anda mempunyai ruang di dalam peti sejuk anda, biarkan campuran sejuk sehingga sedia untuk digunakan.
c) Masukkan Prosecco ke dalam balang (atau kendi) dan hidangkan segera.
d) Sebagai alternatif, anda boleh mengisi gelas individu kira-kira satu pertiga penuh dengan campuran jus dan di atasnya dengan Prosecco.

100. Strawberi Koktel Prosecco

BAHAN-BAHAN:
- 2 auns jus oren
- 2 auns strawberi
- ½ auns sirap strawberi
- 4 auns Prosecco

ARAHAN:

a) Kisar jus oren, strawberi, dan sirap strawberi dalam pengisar sehingga licin.

b) Tuangkan ke dalam gelas koktel.

c) Teratas dengan Prosecco.

d) Hiaskan dengan strawberi dan hirisan oren.

KESIMPULAN

Apabila kami sampai ke penghujung "BUIH DAN GIGITAN: BUKU MASALAH PROSECCO MUKTAMAD," kami berharap anda telah menikmati perjalanan ini ke dunia hidangan yang diselitkan Prosecco. Kami telah meneroka pelbagai jenis resipi, daripada sarapan pagi hingga snek dan hidangan utama, semuanya menampilkan kilauan dan keanggunan Prosecco. Ia merupakan satu pengembaraan perisa dan kreativiti, menemui cara Prosecco boleh meningkatkan kedua-dua hidangan manis dan berperisa, serta menambahkan sentuhan kecanggihan pada himpunan masakan anda.

Kami berharap buku masakan ini telah memberi inspirasi kepada anda untuk bereksperimen dengan Prosecco di dapur anda, membolehkan anda mencipta hidangan dan pengalaman yang tidak dapat dilupakan untuk diri sendiri dan orang tersayang anda. Ingat, Prosecco bukan sekadar minuman untuk memanggang majlis-majlis khas—ia merupakan ramuan serba boleh yang boleh meningkatkan masakan harian anda dan membawa sentuhan perayaan pada setiap hidangan.

Daripada koktel makan tengah hari yang memanjakan hingga gandingan makan malam yang indah, Prosecco telah membuktikan keupayaannya untuk menambah baik dan menyerlahkan pelbagai jenis hidangan. Jadi, teruskan meneroka kemungkinan kulinari Prosecco, menyemai resipi anda dengan rasa yang meriah dan kemeriahannya. Kongsi ciptaan anda dengan rakan dan keluarga, dan nikmati kegembiraan yang datang dengan menemui perisa baharu dan lazat.

Kami berharap bahawa "BUIH DAN GIGITAN: BUKU MASALAH PROSECCO MUKTAMAD" telah mencetuskan kreativiti anda dan memberikan anda penghargaan baharu untuk keajaiban Prosecco di dapur. Bersorak untuk pengembaraan kulinari dan dunia yang menggembirakan dengan hidangan Prosecco!

www.ingramcontent.com/pod-product-compliance
Lightning Source LLC
Chambersburg PA
CBHW071314110526
44591CB00010B/879